「浙商传奇」书写创新创业史诗

宗庆后

THE LEGEND OF ZHEJIANG ENTREPRENEURS

笃·行·者

邬爱其 | 著

机械工业出版社
CHINA MACHINE PRESS

图书在版编目（CIP）数据

宗庆后：笃行者 / 邬爱其著 . —北京：机械工业出版社，2018.11（2024.3 重印）
（浙商传奇：书写创新创业史诗）

ISBN 978-7-111-61244-5

I. 宗⋯　II. 邬⋯　III. 饮料 - 食品企业 - 工业企业管理 - 经验 - 杭州　IV. F426.82

中国版本图书馆 CIP 数据核字（2018）第 241872 号

宗庆后：笃行者

出版发行：机械工业出版社（北京市西城区百万庄大街 22 号　邮政编码：100037）
责任编辑：邵淑君
责任校对：李秋荣
印　　刷：三河市宏达印刷有限公司
版　　次：2024 年 3 月第 1 版第 3 次印刷
开　　本：147mm×210mm　1/32
印　　张：8.75
插　　页：1
书　　号：ISBN 978-7-111-61244-5
定　　价：99.00 元

客服电话：(010) 88361066　68326294

版权所有・侵权必究
封底无防伪标均为盗版

丛书推荐序
四十不惑立潮头

改革开放40年之际,浙江大学全球浙商研究院的精兵强将对五位重量级优秀浙商的创业历程与企业家精神进行了专题研究,结集成丛书出版。浙江大学管理学院现任院长魏江教授邀请我为这一套丛书写序,我欣然应允。一来是我曾在浙江大学工作,担任过浙江大学管理学院院长,深知同事们一直致力于"把论文写在祖国大地上"的情怀,这套丛书强调理论紧密联系实际,是一项很好且有意义的研究;二是这套丛书研究的几位浙江企业家以及浙江的企业环境,我非常熟悉。我希望通过对优秀浙商的创新创业历程进行总结,启发和帮助更多的企业家。在这里,我想谈谈我对改革和企业家精神的一些看法。

五千精神

蓦然回首,中国的改革开放事业已经40周年,经历了从高度集中的计划经济到市场经济、从传统农业经济体到现代工业经济体的双重转型，改革的艰巨性世所罕见。要解决改革过程中面临的巨大挑战，极其需要智慧。40年的成就，显然不是一朝一夕的偶得，而是无数改革者、建设者用他们的勇气、智慧、勤劳坚持奋斗的结果。在这40年的发展中，企业家的作用很重要，比如，浙江企业家自下而上推动改革，虽走过不少弯路，但也取得了历史性的成绩。

这套书研究的鲁冠球、宗庆后、沈爱琴等企业家，他们都亲历了40年的改革历程。这一组作品既是梳理和回顾这些具有代表性的企业家的亲身经历，也是我们这个时代的一面镜子，总结这些经验和教训，可以帮助企业家更好地把握方向，不忘初心，持续前进。

按照中央的要求，我正在总结40年的改革经验，目前完成了《中国改革开放40年》《与改革同行》《亲历六次中央决议和改革建言的回顾》三部著作。整理这些著作，恰好对我写这篇序言提供了更清晰的思考，这个时候再来回顾浙江企业家的发展历程，也是一件很有意义的事情。我认为，过去几十年来，浙商身上集中体现了中国企业家精神中最优秀的特质——筚路蓝缕、披荆斩棘、勇立潮头。你到任何一个地方，都能找到浙江人，他们善于寻找市场，勤于学习，敢于实践。我认为，浙江人的精神概括起来就是"五千精神"：千辛万苦来创业、千方百计来经营、千山万水找市场、千家万户搞生产、千头万绪抓根本。

浙江改革发展与民营经济发展分不开，民营经济在创新中具有活力，这与浙江的"五千精神"分不开。我在兼任浙江大学管理学院院长期间，发起成立了民本经济研究中心，希望总结、推广浙江经验。习近平同志在浙江工作期间，有一次我在浙江大学开会，他知道我和杜润生在杭州，就特意宴请我们两个人。那次，我说"五千精神"集中到一点就是老百姓和企业是创造财富的主体，政府是创造环境的主体，老百姓就可以安心地通过创新创业富起来。老百姓富起来以后，向国家上交的税多了，政府就可以为老百姓提供更多、更好的公共产品。当然，浙江的经验也要提升和创新。我说，浙江精神和经验不能光在浙江分享，还要在全国分享。所以要请习书记支持，习书记当场表示支持。我希望浙江的"五千精神"能够在全国推广，能够在全国生根发芽。

民本经济

1956年，我在《人民日报》发表了署名文章《企业要有一定的自主权》。当时，我还在第一机械工业部（以下简称"一机部"）工作，部里的招待所长期人满为患，其源头在于企业缺乏自主权，只能"跑部钱进"。我经常到各地调研，看到了一些经验，也看到了很多问题。我经常讲一个故事，沈阳有两个相邻的工厂，一个变压器厂（隶属一机部），一个冶炼厂（隶属冶金部),都是政府行政主导的企业,变压器厂需要大量的铜,由一机部从云南等地调到沈阳,而冶炼厂生产的铜则由冶金部从沈阳调往全国各地。一墙之隔的两个厂由于行政主导,没有市场机制,造成资源的极大浪费。现在听起来挺可笑,但当时就是那样。

浙江为什么有今天?当时浙江的工业经济基础比较薄弱,但后来发展得很快,老百姓很富裕,社会很稳定,因为老百姓都在创业。这就是市场经济的本质。对浙江经验调研多次后,我提出了"民本经济"的概念,即政府作为创造环境的主体,老百姓和企业才是创造财富的主体。对民营经济来说,创业是基础,创新是关键。政府正确转变职能,百姓就有更多、更大的创新创业空间,浙江的实践是在中国特色社会主义道路上迈出的一大步。我们过去搞计划经济,政府是创造财富的主体,纳税人的钱集中到政府,政府再把这个钱分到各个部门。所以,我认为民本经济是市场经济的基础。我给十八大提出了三条建议,第一条就讲这个。

改革已经进入深水区,剩下的都是硬骨头。如何将"市场在资源配置中起决定性作用"这句话落到实处,如何实现产权保护,如何发挥企业家精神,都需要大胆探索。其中,政府需要坚持三个创新:一是坚持人民群众是创造财富的主体的理念;二是坚持"非禁即入"的理念,法律不禁止的,企业都可以干;三是坚持依法行政的理念,政府按照法律授权干好应当做的事情，不能有随意性。

　　了解过去，才能更好地把握未来。40年来，几乎所有重要改革的决议进程，我都不同程度地参与，提出建言，因此对改革的整个历程，我了解得相对多一些。改革开放以后最大的变化是什么？最大的财富是什么？我认为概括起来就是实现四个方面的转变：从以阶级斗争为纲转向以经济建设为中心；从计划经济转向市场经济；从封闭转向全面开放；从人治转向法治。这个转变过程是长期的，不能说一下子就转变完成。党的十八大以来，我国的改革事业肯定会在过去的难点基础上有更大突破和更大作为。

进无止境

　　改革推动开放，开放倒逼改革。市场经济催生了企业家群体，企业家也在促进市场经济发展。"广大非公有制经济人士要准确把握我国经济发展大势，提升自身综合素质，完善企业经营管理制度，激发企业家精神，发挥企业家才能，增强企业内在活力和创造力，推动企业不断取得更新更好发展。""保护企业家精神，支持企业家专心创新创业。""我们全面深化改革，就要激发市场蕴藏的活力。市场活力来自于人，特别是来自于企业家，来自于企业家精神。"习近平总书记多次在公开讲话中谈及企业家精神。

改革开放40年来,最成功的经验是什么?我想是解放思想。正因为解放了思想,改革才能不断取得新的突破。可以说,40年改革的过程也是解放思想的过程。面向未来40年,浙商要继续发扬坚韧不拔的创业精神、敢为人先的创新精神,对浙商精神赋予新的时代内涵。无论是之前在浙江工作还是后来到中央工作,习近平同志一直对浙商很关心、很重视。他提出,希望广大浙商积极适应新的形势,努力提升自身素质,推动技术创新、制度创新、管理创新和企业文化创新,在市场经济的大潮中完成浙商转型,使浙商群体真正成为具有现代化、市场化、国际化素质的企业家群体。

企业的发展是无止境的,解放思想也无止境。浙商是中国民营企业家的重要代表,也是国家创新战略的自觉实践者。世界浙商大会上提出"新时代浙商精神就是浙商的魂,是新时代富有浙江特色的企业家精神"。当前,浙商发展过程遇到了一些困难,但总体稳中有进、稳中有变,浙商要发挥新时代精神,砥砺前行,也期待浙江大学管理学院和全球浙商研究院有更多研究浙商、关注中国企业家群体的创新作品面世,为企业和政府提供新的思路。

在我著的《中国改革开放40年》的自序中,我写过下面这段话,与读者共勉,也把这段话作为这篇序言的结尾:

春蚕到死丝方尽,蜡炬成灰泪始干。我已经88岁了,为什么仍然要朝九晚五坚持在工作岗位上?就是希望能够帮助新时代的改革开拓者有更多的经验可以借鉴,有更多的方法可以适用。改革是我这一生的追求,也是我这一生的牵挂。唯愿中国的改革开放事业蒸蒸日上,直到永远。

2018年10月1日于北京

总序
记录一段重要历史

今年是改革开放 40 周年的重要时点,我提议编写这套丛书,因为,我认为这是具有历史意义的。如果我们能真实地记录这段经济社会变革的历史,可以为 300 年、500 年、1000 年后的人们研究这段历史提供素材,让后人理解 1978～2018 年的 40 年间,中国是如何创造人类发展史奇迹的。我认为,自从有人类史以来,还没有一段历史,能够让一个如此贫穷、落后的大国,在短时间内发展成世界强国。记录这一段历史,不仅是中国人自己的事,也是全人类的事。

毫无疑问,这段历史是由全体中国人共同创造的。其中,一个重要商帮——浙商,在这段历史中演绎了十分精彩的故事。可以按照这样的逻辑来演绎:"浙江的今天,就是中国的明天",浙江的发展史是这段历史的重要缩影;浙江作为民营经济的发源地,它的发展史也是中国市场经济的发展史;浙江作为改革开放的先驱地,民营企业家是经济奇迹的重要创造者。因此,记录浙商的创新创业史,不就是从一个最重要的样本角度记录了中国改革开放的历史吗?

回顾浙商发展的40年,我总是非常骄傲地告诉全世界的朋友们,浙商作为重要的企业家群体,参与书写了中国经济社会发展史上最浓墨重彩的40年,见证了13亿中国人从站起来,到富起来、强起来的整个过程。浙商是浙江最珍贵的战略资源,浙商的创新创业不仅改变了浙江、改变了中国,也改变了世界。浙商厥功至伟!

习近平在任浙江省委书记期间,就提出了弘扬浙江精神,就是要坚持和发展自强不息、坚韧不拔、勇于创新、讲求实效的精神,与时俱进地培育和弘扬浙江"求真务实,诚信和谐,开放图强"的精神,激励全省人民"干在实处、走在前列"。

浙江精神的缩影就是浙商精神。把浙商40年的创新创业历程通过企业家创新创业史的形式记录下来,并从学术和理论的视角来深度观察这段历史,是为了更好地走向未来。为此,我们从经济学、管理学和历史学相结合的视角,选择代表这段历史的20位典型企业家来进行深度刻画和总结。特别是2017年,随着鲁冠球、冯根生、沈爱琴等老一辈企业家的相继离去,我们更加迫切地意识到,必须尽早启动这个工程,记录这段历史,这也算是浙江大学管理学院和全球浙商研究院为浙江、为中国也为全世界做出的一点贡献。

我们推出的第一批次系列,包括万向集团董事局主席鲁冠球、万事利集团董事局原荣誉主席沈爱琴、娃哈哈集团董事长宗庆后、传化集团董事长徐冠巨、方太集团创始人茅理翔。他们是早期企业家的代表，集中体现了20世纪80年代的企业家创业精神。那个时代的企业家，在市场经济还没有确立之前，为了生存，冒着很大的风险开始创业，成为中国民营企业创业的先锋，也构成了引领民营经济发展的最杰出的企业家群体。

在第一代优秀浙商引领风尚的20世纪80年代，新一代优秀企业家已经崭露头角，到了90年代，这批企业家成了时代风云人物。他们走过了为生存而创业的阶段，走向国际化创新创业。这个时期的浙商，通过国际合作、海外投资、品牌打造、资本市场等战略，把浙商推向全球。其中的代表性人物如正泰集团董事长南存辉、华峰集团董事长尤小平、华立集团董事长汪力成、舜宇集团原董事长王文鉴、西子控股董事长王水福、新和成集团董事长胡柏藩、荣盛控股集团董事长李水荣等。这些企业家主要从事传统制造业的生产经营，他们已经成为今天引领民营经济发展的"新老前辈"。

不同于前两代浙商，第三代浙商直接切入技术创新和商业模式创新，直接切入知识经济和互联网经济，以天生全球化之气魄投身创新创业。如果第二代创业还有贫困驱动的影子，第三代创业则完全是受企业家精神的驱动，他们是当下中国企业家中的风云人物。代表性企业家如吉利集团董事长李书福、复星集团董事长郭广昌、网易集团董事长丁磊、万丰奥特控股集团董事长陈爱莲、民生医药控股集团董事长竺福江等。这些企业家，开创了互联网创业和商业模式创新的新路子，开始颠覆企业创新创业的传统模式，缔造出新的企业神话。

除了前面三代浙商，我还注意到今年还不到 40 岁的第四代青年企业家已经开始涌现。他们正在成长和壮大过程中，还需要历史和时代的锤炼。为了避免他们被"捧杀"，在 10 年内，还不适合将他们放进浙商的创新创业史来总结。但是，未来是属于他们的。

为了做好浙商创新创业史工程，浙江大学管理学院和全球浙商研究院投入了巨大的人力、物力，肩负使命和责任来做好这件事。研究院组织了由 10 多位教授和 20 多位博士构成的研究团队，并由吴晓波、陈凌、邬爱其、王世良和我五位教授担任各企业家史研究组组长，分别负责对鲁冠球先生、徐冠巨先生、茅理翔先生、宗庆后先生和沈爱琴女士创新创业史的调研、研究和编写。各个小组还形成小团队，通过半年多的现场调查和联合写作，完成了第一个系列五本著作。在这里要感谢其他团队成员，他们分别是许小东教授、刘洋副教授、莫申江副教授、杨洋博士后、雷李楠博士后、施杰老师、陆婷婷老师、张胜男老师等。

由于教授们写的著作学术性太强，文字风格不太符合大众的阅读口味，为此，我们还与考拉看看团队进行了深度合作。我们共同调研、讨论，联合起草和修改，以使丛书更好地满足社会需求。在这里,要特别感谢张小军、马玥、熊玥伽、李开云、李立、陈兰、王洁蕊、赵若言、杨博宇、徐丽、李树柳等研究员的通力合作。

  还要特别感谢我们敬爱的老院长高尚全教授亲自作序,感谢浙江省社科联党组书记盛世豪教授,感谢万向集团鲁伟鼎董事长、娃哈哈集团宗庆后董事长、传化集团徐冠巨董事长、万事利集团屠红燕董事长、方太集团茅理翔名誉董事长,感谢机械工业出版社的张敬柱、王磊,以及吴亚军、佘广、华蕾、邵淑君、贾萌、宋燕、姜帆。正是在大家的鼓励和共同努力下,才有丛书的顺利出版。

魏江

浙江大学管理学院院长

作者自序
重新认识宗庆后

从事企业战略管理研究 20 多年以来，我不止一次地问企业家朋友们一个问题：企业基业长青的关键是什么？这既是形而上又是真切关键的话题，也是我的研究工作所追寻的答案。然而，现实中，企业是异质的，答案可能是多样的，我希望从实践中寻找答案，也在如此践行。

读博期间，我在浙江和广东等地走访了 100 多家企业。那时，我像一个热血青年投身于革命洪流，对企业实践的渴求不亚于一位科学家对真理的追求。我曾蹲守在 TCL 集团门前，不希望错失了解企业的机会。我的目的很单纯，希望走进企业。我仍记忆犹新，2003 年的一个夏日，温州市乐清市翁垟镇的一位小企业主热心地拿出账本帮我填写调查问卷，向我讲述创业的艰辛与喜悦。工作期间，我更是渴望跟上企业的步伐，用实践去丰富我的理论，这也是学者的本职。在实践观察中，我确信教科书上那些行业结构、企业资源、制度环境等经典理论正在被企业家们有意识、无意识地应用。但是，这绝非全部。改革开放40年来，中国的民营企业家们正在用双手创造着更多的智慧。

2017年年底，我供职的浙江大学管理学院做出一个令人兴奋的决定：记录中国优秀企业家的创新创业历史，弘扬中国企业家精神。我组织了一个调研小组，成员有学院教授、博士后和博士生，还有成都考拉看看的写作者，开始深入到娃哈哈集团。我们的目的同样单纯，我们想探寻宗庆后先生在那样一个艰困、彷徨、突破、喜悦交织在一起的年代，何以将一家被人瞧不起的校办小厂打造成受人尊敬的行业领军企业。我们不仅是去揭秘他成为"首富"的秘诀，更希望以他为典型，探索这一代中国民营企业家的精神内涵和管理智慧。

这并非易事，这项研究工作本身就是一场华丽的冒险。一来深感传统战略管理体系似乎已足够饱满，任何精致的增补都显多余；二来宗庆后先生和娃哈哈是如此独特，任何鲜活的发现又显另类。在娃哈哈人眼中，宗庆后是一名勇于开拓的卓越领导者，他们会说"宗总非常尊重市场规律，永远在现场""他骨子里对政府非常信任，从不做违背政策的事情""他是我们的家长，给我们安排住房"……更有很多令人动容的细节，外界鲜有知晓。

我们有幸采访了娃哈哈的所有高管、不同年代入职的员工代表、国内外的供应商和经销商代表。面对几十万字的访谈资料和丰富多样的一手素材，我不急于预设框架，因为这会固化思维,还原不出真实的宗庆后和娃哈哈。我们不断追问三个问题:娃哈哈给你的最大感受是什么?娃哈哈对你的最大冲击是什么?你会用哪一个词来形容宗庆后先生?内容分析涌现出了25个主题词:信念、忠诚、本源、效率、共享、实干、双赢、学习、眼光、敏锐、极致、零距离、诚信、创新、冒险、定力、专注、自控、仔细、全面、家长、边界、目标、系统、危机感。我们将这25个主题词进一步提炼总结,初步得出了宗庆后先生创新创业的"密码":**信念、创新、效率、实干、本源、共享、双元。**

在我们看来,这7个关键词构造出了娃哈哈的四层次内驱式价值创造模型:**信念驱动(家国情怀、实业振兴),理念先行(抓本源、重实干、践双元),行为聚焦(创新为本、效率领先),成果共享(政府、员工、伙伴、社会)。**信念回答了为什么要创办企业,理念回答了用什么原则去创办企业,行为回答了靠什么来办好企业,成果回答了该如何处理企业的发展成果。"信念-理念-行为-成果"四个层次自下而上依次递进,形成一个强大的内生系统。这样一来,我们对宗庆后先生与娃哈哈的总结有了清晰的脉络,但还需要小心求证。

我知道娃哈哈是一家典型的企业家型企业,必须从宗庆后先生身上找到娃哈哈基业长青的答案。2018年4月12日下午,杭州清泰街娃哈哈集团总部会议室,我们有幸与宗庆后先生进行了深谈,我们直抵核心,求证疑惑。宗先生一如惯常风格,有问必答。答案如人，朴实无华，但切中要害。当宗庆后先生谦虚地说："你们把我拔得太高了。"我认定我们先前的学理视角、真实表达是可行的。我们用一个初心的提问结束了这次宝贵的访谈，请宗先生用一个词来总结他30多年的创新创业历程，他毫不犹豫地说："自强不息！"。

在本书的写作过程中，我们讲究学理的严谨，力求真实，用了大量与娃哈哈"功臣"们的深谈资料，参考了娃哈哈最宝贵的内部档案，引用了同行的许多研究成果。这些珍贵的素材，让我们看到了宗庆后先生和娃哈哈人的精神，就像本书的主题一样，笃定不懈地前行，自强不息地奋斗。

《礼记·中庸》有云："博学之，审问之，慎思之，明辨之，笃行之。"中国古人历来崇尚知行合一，谨言慎行。"笃行"意为意志坚定，坚持不懈。从宗庆后先生身上，我们看到，无论是他在人格上的表达，还是行动上的笃定，都将他与中国传统文化紧密相连。于是，"笃行者"作为本书之题再恰当不过。

感谢娃哈哈集团的创始人、董事长宗庆后先生。这位1945年出生的中国优秀民营企业家身上散发着大隐于市的气息。他是一位卓越的领导者，一个资深的战略家，一名朴实的实干家。在采访几十位娃哈哈高管和员工的过程中，我们感受到这位精神领袖带给企业的前景和能量。

感谢娃哈哈集团总经办主任杨永军先生，他为我们调研工作的高效组织让人叹为观止，他对娃哈哈精神的理解深入骨髓，他对娃哈哈的发展故事如数家珍，他给我们描述了很多原汁原味的场景。

感谢娃哈哈集团党委书记兼常务副总经理吴建林先生、技术副总余强兵先生、运营副总潘家杰先生、销售公司总经理沈建刚先生。他们大多是在娃哈哈工作20多年的干将，始终战斗在一线。他们从不同角度向我们阐述了宗庆后的领袖魅力、娃哈哈的创新发展。他们能回忆出娃哈哈的里程碑时刻，给我们提供了很好的研究参考。

感谢娃哈哈集团前投资部部长顾小洪先生，这位从娃哈哈兼并杭州罐头厂之后一直跟随宗庆后先生的元老，在娃哈哈全国建厂的高峰年份，这位投资部部长像一个斗士，积极扩张娃哈哈的版图。

感谢娃哈哈集团政治部部长兼工会主席叶峥女士、企业管理部部长王斌先生、人力资源部部长郑虹女士、工程部部长郭伟荣先生、外联办主任卢东女士、食品科学研究院副院长李言郡先生、总经办副主任郭晓玲女士、前党委副书记丁培玲女士、前市场部部长杨秀玲女士和李凤媛女士、华东片区负责人王海兵先生、下沙基地负责人蔡雷先生、党工部团委书记陈美飞女士、质检部戴绚丽女士、智能装备部周东先生、党工部岑颖颖女士……这里大部分是娃哈哈的老员工，也有新伙伴，我们从他们身上能看到娃哈哈精神的内涵和传承，能感受到宗庆后先生的愿景。一家基业长青的企业，能够与时代和个人相伴。

感谢娃哈哈的经销商、供应商代表们,他们是杭州至诚保健食品有限公司徐少云先生、义乌市保健品有限公司黄荣永先生、杜邦营养与健康大中华区总经理刘卫斌先生和张晔女士、桂林艺宇印刷包装有限责任公司总经理林美洁女士……在这些"娃哈哈人"身上,我们看到了宗庆后先生对合作伙伴的尊重和赋能、合作伙伴对宗庆后先生的感恩和支持,他们是历久弥新的命运共同体。

在写作过程中,我们很欣喜能够走进这样一家具有深厚积淀的优秀企业,要感谢娃哈哈大量原汁原味的档案资料,企业发展的关键阶段亲历者的回忆,将我们带入了当时的年代。早年,宗庆后先生主编和创作的一些作品,弥足珍贵。娃哈哈早年的文化作品《娃哈哈环球漫游记:世界知识文库》,外部财经人士梳理撰写的《宗庆后如是说》和《宗庆后内部讲话》等,让我们可以听到这位智者的声音。还有大量写作的关于宗庆后先生的作品,对我们了解这家企业、还原当时的情景起到了重要的作用。

还要感谢财经作家迟宇宙先生的力作《宗庆后:万有引力原理》,他在这本书中完整的故事描述和情节展现,让我们看到了更加立体的人物和企业。本书既是一个人的传记,也是一个企业的传记,更是一个时代的传记。

特别感谢崔永元先生的《口述历史》,在对宗庆后先生的采访口述中，我们看到的是一位普通人始终在平实地讲述，岁月磨砺后的人生不见波澜，实则一片惊涛。在娃哈哈高管的口述中，他们的一颦一笑、一张一弛，传递给我们的是不可名状的企业发展历史。

由衷地感谢我们的优秀团队，浙江大学管理学院院长魏江教授、吴晓波教授、陈凌教授、王世良教授、许小东教授、莫申江教授、施杰老师、杨洋博士、王诗翔博士，考拉看看张小军研究员、马玥研究员、熊玥伽研究员、李立研究员、陈兰研究员，在项目研究中我们一起激荡思维，才有了现在的作品。

最后要感谢这个伟大的时代，在中国大地孕育了一批优秀的企业家，让我们有机会见证历史。

一场华丽的冒险就此结束，新的冒险即将开始。在宗庆后面前，是下一个30年，在我们的面前，是一个新时代。

邬爱其

浙江大学紫金港校区

2018年7月30日

前言
宗庆后与娃哈哈的使命

"人生或许就是一个碾过,扬起,吹动,沉淀,覆盖的过程吧,岁月的年轮碾过了几千年,这个过程也就重演了几千遍。"年代作家梁晓声在长篇小说《年轮》中说,时代和时代的转折之间,夹扁了那么多生活的样本,但其中总有不屈。

从20世纪70年代到今天,是中国社会急剧发展变化的时期,巨大的改革洪潮带来的不仅仅是经济财富的增长,更是对人性与价值观的巨大冲击和洗礼。这种变化与每个人的命运交织在一起,每一个个体被裹挟着前进,有些被洪流淹没,有些随波逐流,而有些勇立潮头。其中,宗庆后无疑是一位佼佼者,他自强不息,将一家校办小厂打造成行业领军企业。

企业的成立和发展离不开特定的制度环境。对于宗庆后等优秀企业家而言,其创业发展往往是自觉遵循制度和推动改造制度并行的过程。创业机会的发现和创造,不由企业家自身拥有多少资源来决定,更多地依赖于创业者敢于冒险、勇于创新、追逐自控的特质,他们充分调动、整合外部资源来开发和利用创业机会。相反，通过对自身资源能力的精确考量来评估创业机会的人，并不是真正意义上的创业者或企业家，更多的是生意人或职业经理人。

回顾改革开放40年，中国从计划经济走向中国特色社会主义市场经济，波澜壮阔，成就非凡。这种转型经济下的企业成长战略，难以用根植于发达市场经济背景的西方企业战略管理理论来充分解释。从经典战略管理思想看，外部行业因素给予企业机会与威胁，内部企业因素则界定了企业的优势与劣势，两者交互影响企业发展。行业的结构性力量和企业内部资源能力一起推动娃哈哈不断成长，并成为行业领军企业。

但是，娃哈哈成功的原因还远不止于此，我们必须在宏大的历史进程中给予其更加饱满的解析。那是一个从管束转向开放的时代，娃哈哈是一个勇敢走向市场化的先驱，不屈不挠，勇立潮头。宗庆后深入融合并积极探索中国特色企业发展道路，极具东方管理智慧。

娃哈哈的基业长青路

问：您觉得娃哈哈会基业长青吗？
答：在主业上可以做到！

——对话宗庆后
2018年4月12日下午，娃哈哈集团总部会议室

1987年，宗庆后正式创业，从杭州上城区文教局的一场会议开始。这场会议是娃哈哈的诞生时刻，也是整个第一批中国崛起力量的缩影，他们面对的是市场经济制度尚未完全放开、政策改革刚刚露出曙光、外部资本极为稀缺的外部环境，企业靠的是企业家的自我开拓与奋斗。

当时，杭州上城区文教局召开了一场下属校办企业经销部负责人的选拔会。会议内容是，为该区推动改革试验的校办企业承包经营遴选一位负责人，负责改制创新的校办企业的经营事宜，全年需要完成4万元的利润指标。文教局只提供4万元的开办费、14万元的贷款，也就是说，承接者除了上交年度的4万元利润，还要承担14万元的贷款。会议在紧张的气氛中进行，牵头此事的文教局副局长傅美珍此刻正在等待一个人的声音，就是此前她力推的人选——宗庆后。

终于，人群中有人说："我干吧，不过创利4万元好像少了点，我可以保证上交10万元。"[○] 这个人就是宗庆后，当年他已经42岁，此前经历过15年的舟山和绍兴两地农场放逐、8年的销售员磨炼，他正在等待一个机会，真正可以破土而出、成就一番事业的机会。

31年后的2018年，宗庆后在面对央视《对话》栏目主持人的谈话时回忆道："40年前，我刚刚从农村回到杭州顶替我母亲工作，到校办厂当工人。这一段时间我做过推销员，因为

[○] 迟宇宙. 宗庆后：万有引力原理 [M]. 北京：红旗出版社，2015.

我不是掌权人，后来我想再发展，人家不想发展，我也没办法。校办企业不懂得做生意，把它做亏掉了，把本钱做亏掉了。当时教育局要重组企业，认为我还是比较会赚钱的，所以，就由我担任校办企业的经理。我以前给校办企业跑业务的时候，因为是小学校办企业，都被人家看不起。所以我当时的目标是一年挣10万元钱。"

要尝试、要发展，这是宗庆后发自内心的愿望。尽管在1987年，改革还没有深入，民营经济尚未腾飞，温州的投机倒把还在饱受打击。摆在宗庆后眼前的是一个亟待实践先行的时代，他所需要做的事情是自力更生。

1987年，私营经济地位刚刚明确，党的十三大报告指出：私营经济一定程度的发展，有利于促进生产，活跃市场，扩大就业，更好地满足人民多方面的生活需求，是公有制经济必要的和有益的补充。必须尽快制订有关私营经济的政策和法律，保护它们的合法利益，加强对它们的引导、监督和管理。

承认私营企业，已是前进的一大步。1988年4月，第七届全国人大第一次会议通过《中华人民共和国宪法修正案》，宪法第十一条增加规定：国家允许私营经济在法律规定的范围内存在和发展，私营经济是社会主义公有制经济的补充。修正案正式确定了私营经济的法律地位和经济地位，这给领先国内发展的浙商群体带来了政策机遇。这一时期，宗庆后抓住机会谋求企业快速发展。

1987年4月6日,宗庆后被正式任命为上城区校办企业经销部经理,负责销售学生用品,2分钱一块的橡皮、6分钱一本的作业簿,每件物品只有几厘钱的获利。当年,宗庆后在承包经销部之余还先后创办了晶宫食品商店、保灵儿童营养食品厂,员工70人,创利17.23万元。他实现了第一年的经营承诺,这也是娃哈哈第一笔原始积累。

1989年,由杭州市计划委员会批准,杭州保灵儿童营养食品厂更名为杭州娃哈哈营养食品厂。到1990年,创业才3年,娃哈哈的产值已经突破亿元大关。期间,娃哈哈实现了营养液的产品创新、有奖征名的营销创新、销售从华东到华北再到华南的全国性覆盖。

娃哈哈的成功除了宗庆后的努力,当然也与浙江省政府大力鼓励和支持民营经济发展有关。时任浙江省省长吕祖善在"分析浙江经济快速发展的原因"时曾指出:"首先是浙江较早进行了市场取向的改革,大力发展非公有制经济,培育充满生机和活力的市场主体,机制优势明显。"⊖浙江通过率先推进民营化改革,放手发展民营经济,明晰了产权关系,大力发展商品市场和要素市场,形成了竞争性市场关系,使资源配置方式转向市场化。这种发达的民营经济和有效率的市场机制有机结合,为浙江全民自主创业和浙商的形成提供了根本的制度

⊖ 江南. 解析"浙江经济现象"浙江省长诠释三大原因 [N]. 人民日报.

保障。①

与中国民营经济发展同步，娃哈哈也迎来企业发展的几次关键阶段：第一步，依靠娃哈哈儿童营养液实现了创业的第一桶金；第二步，靠"小鱼吃大鱼"奠定了发展基础；第三步，西进涪陵实现第一次省外扩张；第四步，引入国际资本学习提高自身能力；第五步，对抗"两乐"做民族的企业；第六步，新时代的创新驱动发展。

娃哈哈的第一步是靠"喝了娃哈哈，吃饭就是香"的儿童营养液完成了初步的积累，为当时的民营经济发展做出了示范，但过程也非常艰难。销售公司的周丽达在回忆创业初期的奋斗经历时，既兴奋又感慨："兼并杭州罐头厂前，娃哈哈只有儿童营养液一支产品，公司和产品都没有什么知名度，而且还是'三无'——无资金实力、无销售渠道、无知名度，一切都要靠跑出来，推销碰钉子被人家拒绝是常有的事。有好几次人家理都不理我们，一旦有人表示愿意接受试试看，我们就会非常高兴。不只是浙江，我们还到江苏、山东、广州等地方推销，希望能打开市场。当时公司还给我配了那种砖头一样的大哥大，方便我们联系。"那段时期，宗庆后每天中午都问她当天的市场情况，她就一一汇报"早上跑了多少家""有没有人

---

① 张仁寿，杨轶清. 浙商：成长背景、群体特征及其未来走向［J］. 商业经济与管理，2006，6.

要或者不要""还有几家领导在不在"……㊀

  在娃哈哈迈向第二步的时候，客观来说，这是一种被动的选择，娃哈哈营养液开发出来后产品供不应求，但企业只有100多人，产量很小，如果不尽快扩大规模和市场，前期的努力就会被后来的跟进者挤掉。㊁1990年，计划经济体系不同程度地存在，力求扩大发展的娃哈哈必须做出大胆尝试，实现体制性突破创新，于是，就有了当时"小鱼吃大鱼"的佳话。宗庆后回忆道："我们花了8000多万元兼并了一个国营罐头厂，当时这个罐头厂已经是负债累累，发不出工资了。我们得到了它6万多平方米的厂房，但也收了工厂1500多名工人和600多名退休工人。按照当时的情况不是很划算，而且也造成了很大的风波，那时兼并还没有成为一个惯例，报纸上的宣传是集体弄堂小厂兼并了国有大厂，社会上一部分舆论就说我们在瓦解国有经济。但兼并后，我们用3个月时间就把它扭亏为盈了，逐步扭转了社会影响，同时又发展了新产品，使娃哈哈第二年的销售额翻了两番，应该说这奠定了我们从小企业走向大企业的一个基础。"

  1994年，西进涪陵，正值国家三峡水利工程正式启动，全国掀起一波支持西部大开发与移民援建的高潮。从市场角

㊀ 娃哈哈30年见证系列：周丽达回忆产值突破亿元大关[N].娃哈哈集团报.

㊁ 刘国生.受益一生的北大人文课[M].中国华侨出版社，2013.

度看，涪陵作为桥头堡，整个西南市场迎刃而解，成为娃哈哈全国扩张的标志性一步。从政治意义看，娃哈哈在涪陵建厂开发，同时投资改造当地三家企业——涪陵市糖果厂、百花潞酒厂、涪陵地区罐头食品厂，安排上千名移民就业，对国家在三峡移民工程的试验做出了典范。当时，娃哈哈采取"移民经费与移民总承包"的方式，得到时任国务院总理李鹏的肯定。在1996年的考察中，李鹏对这种通过企业联姻实现对口支援的方式十分满意，他评价说："在这里办厂，你们开了个好头。"㊀

1996年，吸引外资，大背景是国家改革开放，一些国外大企业进入中国市场。企业仅靠自身发展无法适应快速变化的市场，宗庆后做出了一个大胆的决定，与外资企业合作，牵手达能。此时的外资在中国快速发展，1989～1997年，无论是投资金额、投资范围还是投资行业，外商对华直接投资都迎来黄金时期。尽管娃哈哈与达能合资13年，双方经历磕磕绊绊，甚至最终发生了影响中外的"达娃大战"，但外资的进入对中国经济的市场化、法治化、现代化、标准化等还是发挥了积极作用。

1998年，娃哈哈强势推出非常可乐，背后是宗庆后的民族情怀。宗庆后说道："我感觉中国企业在跟国外企业竞争的时候，自卑感太强，总感觉我们什么都不如人家，什么都不敢

㊀ 新华社1996年10月23日报道，在移民中发展 在发展中移民——李鹏总理考察三峡工程移民工作。

跟人家竞争,都说狼来了,好像是要把自己吃掉一样。"1998年的娃哈哈,实力已经比较雄厚,依靠娃哈哈强大的全国性营销体系,在二三线市场强势推出非常可乐,在没有人看好的情况下,这款产品在上市当年即实现了超亿的成绩。2004年,非常可乐登陆美国本土市场,引起美国学者的极大关注。

在饮品市场上占据绝对的"霸主"地位之后,娃哈哈开始探索转型创新之路。2002年进军童装,2010年推出婴幼儿配方奶粉,2012年商场开业,2013年进军白酒业。

娃哈哈一直在探索和创新,未来发展的版图日渐明晰,将更多围绕主业进行深化和延伸,高端装备制造、大健康产业将是娃哈哈发展的重点方向。2015年7月,工信部公布了2015智能制造试点示范项目名单,娃哈哈食品饮料生产智能工厂名列其中。宗庆后在"中国发展高层论坛2018年年会"上说:"娃哈哈集团投资了很多相关项目,如产品生产线智能化项目,把传统的人工操作变成现代的机器人作业,来减轻劳动强度,提高生产效率。"

回顾娃哈哈的创新创业路径,我们必须还原到特定的社会背景下,因为创业活动本身就是一个创业者与环境融合互动的过程,否则,脱离时代背景的诸多评价会有失公允,伴随改革开放40年,娃哈哈走出了一条自我突破的开创性路径。2018年,著名经济学家魏杰公开说到自己对宗庆后的评价:"是改革开放的优秀典范,中国企业家的杰出代表,是市场经济最典

型的人物，是民营经济的典型代表。"⊖

娃哈哈的世界是垂直的

在任何一家企业的成长过程中，企业家都会经历各种机会与诱惑，成功的企业家会主动调整自己的经营策略，失败的企业家往往会因诱惑而迷失方向。过去几十年来，很多企业在享受时代和市场自然增长的红利下，通常陷入两种困境：一是规模不经济，企业不断扩张但缺乏真正的核心竞争力；二是发展停滞，找不到有价值的增长方向。管理学研究指出，企业使命驱动企业价值，企业价值促进企业成长。娃哈哈的成功之处在于，宗庆后始终清楚自己要什么，即明确企业存在的理由和价值意义。

21世纪初，托马斯·弗里德曼提出了一个观点，世界是平的。他说："人类历史上从来没有这样的时刻：越来越多的人会发现他们能够找到越来越多的合作对象和竞争对手，人们将和世界各地越来越多的人互相竞争和合作，人们的机会将越来越平等。"⊜ 2009年，艾丽斯·施罗德为巴菲特写了一本书，

⊖ 陈铖，刘子瑜. 著名经济学家魏杰：为宗庆后点赞 转型升级浙江可以做三件事[EB/OL]. 浙江在线，http://zjnews.china.com.cn/redian/58890.html.

⊜ 托马斯·弗里德曼. 世界是平的[M]. 长沙：湖南科学技术出版社，2006.

极具洞察地发现了巴菲特的财富秘诀:"人生就像滚雪球,重要的是发现很湿的雪和很长的坡。"巴菲特通过复利的长期作用实现了巨大的财富积累,"雪很湿"比喻年收益率很高,"坡很长"比喻复利增值的时间很长。在巴菲特眼中,世界是斜的,是一个长长的斜坡,坡无限长,给人类带来的复利增值的时间也就无限长。

世界是平的,世界又是斜的。在这样复杂多变的世界里,宗庆后希望娃哈哈能够基业长青。那么,究竟是什么支撑了娃哈哈的基业长青?娃哈哈在31年的历程中,都做对了什么?

从娃哈哈诞生开始,这家老牌企业始终深耕在与百姓密切相关的饮品领域。宗庆后认为,作为我国民族饮料行业的龙头企业,娃哈哈有责任、有义务履行食品安全主体责任,确保食品安全。出于这种使命,娃哈哈始终坚守主业、努力创新、精益求精,确保产品品质。所以,我们称之为:娃哈哈的世界是垂直的。这主要体现在三个方面:潜在需求、坚守主业和世界观。

娃哈哈的垂直世界首先表现在始终挖掘潜在需求。经济的逻辑背后是成本收益曲线,经济活动的本质就是花最少的成本获取最大的利润。企业刚进入一个行业,成本必然较高,因为企业规模小、效率低,标准化程度不够。随着规模化生产,成本被摊薄,单位成本降低。但是,随着规模经济的临界点被突破,成本又会继续上升。企业总希望拥有一条持续下降的成本曲线，这就需要企业不断创新。世界在变，市场在变，要素也在变，企业必须不断创新才能尽量使成本下降。到底靠什么实现有效的创新，娃哈哈给我们提供了一种创新范例——对潜在需求的引领。

我问道："一家企业拥有一个爆品是很困难的，但是，娃哈哈却能够拥有多款爆品，这是如何做到的？"宗庆后不假思索地回答："潜在需求。"娃哈哈善于持续挖掘潜在的市场需求，不断开发出享誉市场的产品：营养液、果奶、营养八宝粥、纯净水、非常可乐、营养快线、爽歪歪、格瓦斯、苏打水、固体饮料……如今，娃哈哈产品主要涵盖蛋白饮料、包装饮用水、碳酸饮料、茶饮料、果蔬汁饮料、咖啡饮料、植物饮料、特殊用途饮料、罐头食品、乳制品、医药保健食品等十余类190多个品种。娃哈哈产品越来越丰富，变化多、变化快，从根本上来说，娃哈哈持续成功的背后有一条一以贯之的垂直主线——消费者的潜在需求。

紧盯消费需求，依据消费者需求开发产品，始终引领着娃哈哈的创新方向。这在娃哈哈任何一种产品上都有所体现。比如，娃哈哈营养液的诞生是要解决80后独生子女厌食的问题，营养液是用来开胃的。娃哈哈推出纯净水时，国内市场还没有出现瓶装水，但宗庆后发现由于水污染严重，开发蒸馏水能源消耗大，于是率先引进了世界一流的纯净水生产线，打造了这款爆品。未来的人们对健康、便捷更加重视，娃哈哈就将主业集中在健康和绿色方向，主打固体饮料、羊奶粉、代餐粉等。正如周其仁教授所说："我们要知道什么叫客户，优秀的企业家会一直琢磨这个事情，会把潜在需求开发出来，把潜在用户变成客户。"㊀

娃哈哈的垂直世界还体现在坚守主业上。虽然娃哈哈在多元化道路上进行了一些探索，也不是如外界传言那般不成功，但娃哈哈总体上是一家高度致力于紧紧围绕主业深挖潜力的企业。娃哈哈很早就自建了设备厂，如今自己拥有两家精密机械制造公司，独立研制模具和生产装备，还自建了印刷厂、香精厂。近年来，娃哈哈开始向菌种、酶制剂、机电等高新技术产业发展，已形成自己的菌种资源库，并成功自主开发了串并联机器人、自动物流分拣系统等智能设备，成为食品饮料行业具备自行研发、自行设计、自行生产模具、饮料生产装备和工业机器人能力的企业。这铸就了娃哈哈在产业链上具有超强的纵向整合能力。娃哈哈高度纵向一体化却还能实现高效运作，似乎违背了西方业界所流行的"分工提高效率""专业制胜"的经典，但娃哈哈却以独特的方式实现了，我们后面会专门深入分析其经验之所在。

很重要的一点是，宗庆后的世界观是线性的。重度垂直的

㊀ 2018年1月14日，北京大学国家发展研究院教授周其仁在"2018中国制造论坛：全球制造业变局下的新产业革命"上再次论述了企业的成本曲线与潜在需求。

思考方式，直击事物的核心，这是宗庆后的世界观，也是娃哈哈的世界观。宗庆后的工作和生活崇尚简单，善于从纷繁复杂的世界里洞察和捕捉事物的本质。娃哈哈的管理体系高度扁平化，强调围绕目标团队协作，倡导能上能下的"黑板干部"用人制度，等等。娃哈哈的发展始终围绕着消费者，比如，娃哈哈在20多年前保健品处于巅峰时迅速转向饮料，而在饮品领域占据"霸主"地位之后又转向大健康市场，都是源于宗庆后对市场变化核心本质的深入理解。

自强不息的宗庆后

在带领娃哈哈发展的30多年间，宗庆后身上绽放出夺人的光芒：低调务实的常人、大智若愚和大隐于市的智者、倔强不服输的战斗英雄、富有责任感和爱心的家长。

宗庆后为人非常朴实无华。他不讲究吃穿，也不喜欢形式主义。他的饮食十分简单，喜欢白水煮鸡蛋、酸辣土豆丝、花生米、酸辣汤。《钱江晚报》的一篇报道称他是"布鞋首富"，一年200多天跑市场，穿布鞋已成为宗庆后的一个习惯。曾经有人问他："你身上哪件是名牌？"宗庆后说："我身上没什么名牌，这件是厂服，这件也是厂服。"他常年在现场，即便出国，随行人员也背着打印机，以便随时快速做决策。娃哈哈的第一位大学生、现任娃哈哈集团党委书记的吴建林回忆道：

"我刚毕业时还像个小孩子一样,见了宗总就要跑,觉得老板很严肃。"娃哈哈销售公司前总经理丁培玲说:"做不好事情,他(宗庆后)要骂人的。"

宗庆后有着"英雄主义"情结,仿佛从他出生那一刻起就奠定了这个人今后与国家命运紧密相连。他出生于1945年10月12日,那时候还没有国庆节,是双十节,所以就叫"庆后"。"后"也是家谱里面按字辈排下来的,家谱里面是"继、往、开、来、承、前、启、后"。刚好到他这里是"后"字辈,所以,他家几兄弟都是"后"字辈的。娃哈哈的每一步发展都体现出宗庆后不屈不挠的战斗精神,这跟宗庆后自身的成长经历有很大的关系。

宗庆后的基因中有一种不屈不挠的精神。他多次在不同场合讲过一个故事:最初娃哈哈还是校办工厂的时候,规模比较小,天冷了要生炉子烧水,发现引火用的刨花没了,就去隔壁借一点刨花,结果去借的人没多久就回来了,说隔壁不肯借,还翻了个白眼。宗庆后始终记得这件事情,那时校办工厂不受人待见。在他心里,企业想要发展,国家想要强大,就要靠励精图治、艰苦奋斗。与大部分白手起家的创业者一样,那时娃哈哈的艰苦奋斗随时可见,从踏三轮车到搬货,再到娃哈哈人的奋斗。宗庆后说,如今我们经历过了体力艰苦奋斗的阶段,未来更需要用脑力去艰苦奋斗。

在与达能打官司的时候,当时达能在中国已经做出了妥协的姿态，但宗庆后认为，一定要在斯德哥尔摩赢得这场官司。他打包了整整两箱梅干菜蒸肉、盐水鸭等爱吃的熟食，带着团队上了飞机，做好了在那里打持久战的准备。在斯德哥尔摩，娃哈哈赢得了最后的胜利，宗庆后很开心。后来有一次他到法国出差考察，素来对法国本土企业有着崇拜感的法国当地人，朝宗庆后投去了赞美的眼光，并称赞说："He's a hero！"

宗庆后富有家国情怀，他对中国有着一种无比骄傲的情怀。1945年出生的人，经历了中国最艰难困苦的岁月，经济建设匮乏，还有一些战乱的影响。经历过那一段艰难岁月的企业家，对国家的情怀在今天是无人可比拟的。宗庆后常说，只要企业有一点点能力，就要为国家做一些力所能及的事。而当看到国家欣欣向荣的时候，他会有发自内心的激动。2017年，在党的十九大开幕式结束后，杭州电视台的记者采访他，宗庆后就讲，听了习近平总书记的报告后，印象最深刻的就是"中国从站起来到富起来"，他觉得特别有感触，讲到这里的时候整个人热泪盈眶。

在娃哈哈30多年的发展历程中，有太多的举措是家国情怀使然，打破体制束缚，勇于开拓创新，拯救国营亏损企业，将工厂建在革命老区、少数民族地区等老少边穷地区。这一方面是企业发展的实际需求，有企业战略布局的考量，另一方面更是对实现国家富强的强烈使命感。宗庆后的大格局体现在这些布局并不只是着眼于自身的发展，而是把自身发展与国家发展融为一体。所以,他把自己的小家和企业的大家乃至国家这三者之间的命运有机地融合到一起。一直跟着党指引的方向不断向前走,国家不断发展,娃哈哈也在不断发展。

2012年,娃哈哈25周年庆,宗庆后让筹建小组拟定主题,听了大家的很多思路后,他挥笔写下"紧随祖国,从辉煌走向更辉煌"。这就成了娃哈哈25周年的主题。2017年,娃哈哈迎来30岁生日,宗庆后提了一句话:"秉初心、怀壮志、再弄潮。"他说:"娃哈哈要不忘初心,再创辉煌,娃哈哈的发展是党指引的道路,娃哈哈是党给的。"

时代的变化没有改变宗庆后的性格和行事风格。2018年,宗庆后73岁,精神状态很好,依然从早上七点工作到晚上十一二点,保持实干的作风。在他的办公室里面,常年摆放着一张卧床,他吃住在企业,心在国家。在他身上,见不到岁月的沧桑与懈怠的步伐。

当我们结束对他的采访时问他:"您觉得娃哈哈成功的秘诀是什么?"

他说:"还不算成功吧。"

"如果让您用一个词来形容娃哈哈和您本人,您选择哪个词?"

他思考片段,言语细弱绵针,却铿锵有力地说道:"自强不息!"

目 录

丛书推荐序　四十不惑立潮头
总序　记录一段重要历史
作者自序　重新认识宗庆后
前言　宗庆后与娃哈哈的使命

第一章　信念 / 1

　　忠诚：国家是企业战略的指南针　/ 3
　　使命：做民族的、人类的产业　/ 20
　　家长：员工的事情企业办　/ 39

第二章　创新 / 51

　　单元：每一个细胞都充满创新活力　/ 54
　　模组：协作创新下的复合能力　/ 71
　　系统：全价值链创新　/ 83

第三章　效率 / 91

　　速度经济：小步快跑　/ 93

规模经济："草履虫"式单元复制 / 102
学习效应：从追赶到超越 / 110
组织体制：一个大脑、N个终端 / 122

第四章　实干　/ 139

布鞋首富 / 142
娃哈哈人的"亮剑精神" / 148
我们都是娃哈哈人 / 155

第五章　本源　/ 161

学习与洞见 / 163
边界与定力 / 171
系统与简化 / 180

第六章　共享　/ 186

政企："亲""清"关系的典范 / 188
伙伴：从利益共同体到命运共同体 / 192
员工：全方位共享 / 198

第七章　双元　/ 207

战略：短期效率与长期探索 / 211
能力：单项专长与复合能力 / 212
管控：高度集权与自由民主 / 214
工作：专注业务与生活保障 / 216

启　示　宗庆后的经营管理智慧　/ 218

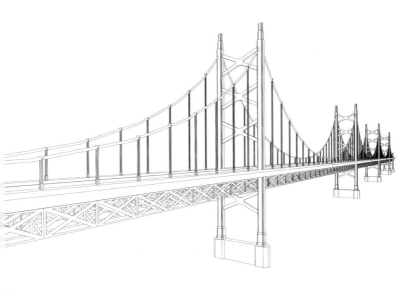

第一章

信　念

优秀的企业家会经常问自己一个本质性的问题：为什么要创办企业？这也是德鲁克管理思想的核心之一。德鲁克认为，企业要思考：我们是什么？将是什么？应该是什么？这三个问题聚焦于企业的愿景和使命。

愿景是企业未来的蓝图，可以引导企业内外部成员为之而努力；愿景又是一种信念，是支撑企业发展的内驱动力。企业往往通过两种方式将信念植入其中。一是信念引领型。如，埃隆·马斯克一直声称要把人类送上月球，史蒂夫·乔布斯声称要改变世界。这些企业家都将信念作为引领企业发展的力量。二是信念驱动型。企业家将信念作为发展基础，虽然没有过多宣扬信念，但将信念根植到日常行动中。信念引领型企业更多的是自上而下的宣贯信念，影响全体员工；信念驱动型企业更多的是自下而上的自觉行为，汇聚众力。

宗庆后朴实无华，但又信念坚定。他将企业的发展与产业的兴衰、国家的富强看成一体，表现为三个方面（见图1-1）。首先，对国家和党的忠诚。宗庆后认为，企业发展离不开政策环境，构建"清"和"亲"的政企关系，将企业发展融入国家战略体系，企业才拥有了更加坚定和强烈的使命感。其次，对产业与社会发展的使命。娃哈哈开发"非常可乐"，带有强烈的家国情怀、民族使命，有打败洋品牌的内驱力，有实业振兴的使命感。最后，对员工的关爱。娃哈哈的家文化成功凝聚人心，有效激发个体活力。忠诚、使命和家长三者形成了宗庆后对于投身创新创业事业的坚定信念，信念成为驱动企业持续发展的强大支撑。

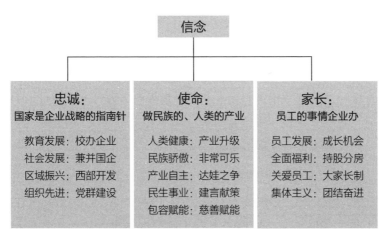

图 1-1 宗庆后的信念要素体系

忠诚：国家是企业战略的指南针

企业战略管理的基本问题是回答企业持续竞争优势的来源。目前，理论界认为，行业类型、企业资源、制度环境是企业持续竞争优势的三大基本来源。宗庆后出生于中华人民共和国成立前，娃哈哈创业成长于从计划经济向市场经济转型的特定年代，制度环境对企业家和企业发展有着深刻的影响。根据制度理论，制度环境要素可以分为两大方面：一是正式制度，如国家法律、政府政策等成文的规章制度；二是非正式制度，如社会规范、认知、习俗等非成文的社会氛围和导向。这些正式和非正式的制度因素极大地影响了宗庆后和娃哈哈，成为指引娃哈哈发展的基本因素。

娃哈哈起始于一家校办企业，与正式制度体系有着直接的紧密关系，企业发展一定程度上需要接受相关政府部门的指导和管理，也需要积极响应政策号召，主动承担必要的社会责任，如兼并亏损国有企业和积极投入西部大开发事业等。同时，社会大众的主流看法和声音也是企业需要关注和顺应的，这对企业获取合法性有重要影响。

宗庆后出生在战乱年代，在青少年时期思考的是国家和民族的问题，在贫困的压力之下挣扎，迫切希望改变命运。1978年改革开放以后，中国上下处于激烈的变革之中，一切都是"摸着石头过河"，人们普遍不富裕，政治、经济环境并不宽松，政策摇摆不定。正因如此，在宗庆后这一代人身上有着浓烈的时代烙印：对国家发展和走向极为关注；对政府有发自内心的忠诚；社会责任感；内心的感恩。

等到创办企业时，宗庆后更是认为党和政府是强大的后盾。2002年，在杭州市工业兴市大会上，杭州市政府授予宗庆后、冯根生、鲁冠球三位企业家特殊奖励，每人300万元人民币，以表彰他们几十年来带领企业职工艰苦奋斗、辛勤创业、深化改革、不断进取，为杭州经济发展做出的突出贡献。宗庆后非常激动，在他眼里，来自政府的肯定是给娃哈哈的最高荣誉。

教育发展：校办企业

娃哈哈的出身是校办企业，对支持中国教育事业有着天然且深厚的情感，也通过发展壮大企业来积极回报教育。然而，在中国特定的制度环境下，校办企业尽管有着官方的色彩，相对于私营企业具有更高的社会合法性，但相比较于政府经济部门主管的企业来说还是缺乏足够的社会地位和影响力。所以，校办企业的创业和发展需要企业家拥有更强的创新精神和艰苦奋斗。

校办企业萌芽于 20 世纪 50 年代，是当时的一种商业经济组织形式。顾名思义，校办企业是由各级学校创办的企业，其主要形式是工厂和农场，目的在于帮助学生做好就业准备和进行生产劳动技术教育。20 世纪 80 年代，校办企业是学校经济的重要支柱，办好校办企业是学校贯彻党的教育方针、实施劳动技术教育、实现教育与生产劳动相结合的重要途径。作为当时一种特殊的经济组织，校办企业在中国的发展大致有三条道路：一是由创始人改变企业的所有制性质，将校办企业改制为私营企业；二是股份制改造，创始人或者继任领导者成为股东；三是分离企业的所有权和经营权，创始人或经营者分享企业成长的成果。

20 世纪 80 年代，国家大力鼓励校办企业发展，但当时的校办企业都停留在简单跟风的阶段，产品单一且一哄而上。作为杭州上城区文教局副局长，傅美珍认为杭州要起带头作用，紧跟党和国家的政策前行，激发校办企业活力，所以决定改革校办企业，推选能人负责。1987 年，傅美珍向上级请示：上城区文教局对于校办企业经销部采用承包经营的方式，选拔经销部的负责人。那一次选拔复杂而谨慎，候选人或碌碌无为，或胸怀大志，或毛遂自荐，或后台强硬。经过漫长而焦虑的等待,4月6日"点将"大会终于公布结果,宗庆后经过层层选拔上任经销部经理。

此时的宗庆后已经42岁了,很多人对这个只有初中文化的中年男人能否胜任持很大的怀疑,纷纷劝他放弃,但宗庆后不仅不退缩,还许下了年创利10万元的承诺。这不是夜郎自大,而是他对市场的敏锐,这一切都与他早期的经历息息相关。"我相信自己比其他人更了解校办企业经销部,更有能力赋予它活力和生命力。我相信自己更了解市场,了解我们要做的事及承担的使命"⊖,这是他在选拔校办企业经销部经理时所说的。其实,这不仅仅是他对了解市场的自信,还有对国家政策的敏锐。当时,经销部只有3个人,从推销文具、饮料、作业本等只有几厘钱利润的小本经营开始,宗庆后埋头苦干。

此时,中国正在全面推行计划生育政策,独生子女的数量日益增多,儿童是每个家庭的核心,一家老少都围着孩子转。宗庆后敏锐地注意到这一政策实施可能带来的各种影响,审时度势,决定先开拓空白的儿童营养液市场,主打增强儿童体质问题。为此,他先和中国保灵公司合作,代销"中国花粉口服液",积累了一定的资本与经验,然后做起了自己的儿童营养液——娃哈哈口服液。1988年11月,中国第一支儿童营养液,也是娃哈哈公司的第一个产品呱呱坠地。一时间,"喝了娃哈哈,吃饭就是香"的广告家喻户晓,娃哈哈营养液大卖,一年创利轻松超过当初承诺的10万元,曾经持怀疑态度的人都不

⊖ 迟宇宙. 宗庆后:万有引力原理[M]. 北京:红旗出版社,2015.

得不佩服宗庆后对政策、市场的高度敏锐与魄力。

与西方经济发达市场不同，在20世纪七八十年代中国改革开放刚刚开始时，转型经济体的市场变化更多更复杂，制度变革让一部分人释放了积极性和创造力，带来了新的创业机会，具有企业家精神的人能够抓住这种机会，兼顾顾客、竞争者、政府等多个利益相关群体的需求，完成创业第一步。宗庆后曾说："这个委任状应该是我人生的一个转折点，等于说是我们上城区教育局给了我机会。他给我任命了一个小小的上城区校办企业经销部的经理的头衔，也就是给了我一个平台，让我能够去施展自己的才能。"⊖

社会发展："小鱼吃大鱼"为什么能

根据企业成长理论，企业一般有三种成长模式。一是内生成长模式，主要依靠自我资源和能力的积累逐渐成长起来。由于资源和能力的积累和提升是一个渐进式过程，所以，这种成长模式是比较稳健但缓慢的过程，无法很好地主动顺应外部市场机会的突发性来临。二是外生成长模式，主要是通过兼并重组快速实现企业扩张。这种模式有助于企业快速抓住市场机会，但兼并重组的企业之间往往存在身份、利益、文化等冲突，整合发展的难度比较大。所以，现实中并购重组企业的成功率并不高。三是网络化成长模式，主要是在利用自身资源能力的基础上向外部整合更多资源，实现企业较快成长。战略联

⊖ 吴玲. 宗庆后：有一种人生叫"大器晚成"[M]. 北京：台海出版社，2016.

盟、合资合作等方式都属于该模式的代表形式，这种模式兼具内生成长模式和外生成长模式的优势，在20世纪90年代的欧美国家开始流行，但在同期的中国还比较少见。

面对市场快速兴起带来的绝好机会，宗庆后带来的娃哈哈选择了外生成长模式，希望通过兼并重组帮助企业实现跨越式发展。但正如理论研究所指出的那样，兼并重组后的发展并不容易。"民营小鱼"吃掉了"国企大鱼"是宗庆后所创造的一个奇迹，勇于打破杭州罐头厂的计划经济旧机制，为僵化的国有企业注入活力，这是市场的要求，也是党与国家的期待。面对并购后存在的问题，宗庆后采用三招实现了企业整合发展，让一家连年亏损的国有企业在并购三个月后就扭亏为盈：一是树立企业明确和坚定的发展目标，二是改变企业既有的管理体系和机制，三是激活人员的积极性和创造力。

娃哈哈兼并杭州罐头厂是企业发展过程中里程碑式的事件，当时校办企业一年后即获成功，让宗庆后信心大增，他做出了一个震惊全国的举动——100多人的小企业收购2000多人的国资大厂。1991年，娃哈哈完成第一次兼并重组，收购杭州罐头厂，但这在当时是不得已的一种选择。到了1991年，娃哈哈已经全国皆知。在杭州清泰街上，每天都有无数车辆排成长队堵在娃哈哈公司大门口，很多人扛着装满现金的蛇皮袋站在宗庆后的办公室前，等着批条子发货，此时，娃哈哈的仓库却让他们心慌，偌大的仓库居然没有一盒儿童营养液了。其实着急的不只是他们，更急的是宗庆后。伴随着"喝了娃哈哈，吃饭就是香"的广告红遍大江南北，3年间，娃哈哈的产能扩大了60倍，利润涨了100倍。但是，过快增长的需求不是当时只有140多名员工、1000多平方米大小的校办工厂所能承担的。眼见每天的产量跟不上，催货的电话、电报和信函不断，宗庆后觉得不能让市场这样饥饿下去了，他向上级政府递交了批地扩建厂房的报告，但层层审批要耗费太长时间。宗庆后为此心急如焚，只能四处找地方租车间进行生产。为什么要急于扩大产能？这背后是宗庆后的企业家战略眼光："必须扩大产能，你在打开市场后，不扩大产能，很容易被人家挤掉了，你还是小厂，为别人做嫁衣了。"

1991年8月14日，时任杭州市委常委的沈者寿和市委办公厅主任杨树荫来到清泰街娃哈哈办公室进行调查研究，宗庆后大为惊喜。在了解了娃哈哈发展的困难后，三人随即展开了"头脑风暴"，大胆地提出了一个设想：杭州有不少国有企业经营困难，但却有很多闲置的厂房设备，为什么不让娃哈哈兼并一家亏损的国有企业呢？这样不仅能快速解决娃哈哈产能不足的困难，还能盘活国有资产，岂不是一举两得？

兼并哪家国企合适呢？除了杭州罐头厂，还有一家制药厂也在选择行列。相对而言，选择产品相对接近的食品企业更好操作。杭州罐头厂曾是全国十大罐头厂之一，也是外贸定点出口加工企业，但随着市场经济的推行，该厂的运营每况愈下，外贸订单骤减，产品大量积压，负债不断攀升。1991年年初，杭州罐头厂（以下称杭罐厂）负债已超过6700万元，库存积压高达1700万元。此时，国有企业已不能"自救"，娃哈哈站出来了：抓住机遇把企业做大、做强，为杭州的发展多做贡献。

宗庆后叫来吴建林："你陪我去趟杭罐厂。"吴建林是娃哈哈招聘的第一批大学生，他一头雾水，但还是跟着宗庆后去了。开车围着厂区缓缓绕了一圈后，吴建林就一个印象：大，杭罐厂真大！

回来后第二天，宗庆后宣布：收购杭罐厂！娃哈哈全体员工震惊。那时候，娃哈哈的日子非常好过，效益很好，年产值已达 2000 多万元，银行账户里有将近 2000 万元的存款。这可是在 20 世纪 90 年代。员工们非常不解宗庆后为什么一定要冒风险去收购一家严重亏损的国有企业。

收购这家企业让宗庆后面临着诸多阻力。一是社会舆论反对。1991 年正是姓"资"还是姓"社"思想的交锋期，社会上无数的议论开始指责这场"民营小鱼"吃"国有大鱼"的戏码。二是杭罐厂抵制。杭罐厂的员工一想到这个只有 100 多人的小工厂要兼并他们 2000 多人的大企业，就感觉是一种屈辱，杭罐厂自发集结、抵制兼并，这成为又一道不小的阻力。三是部分娃哈哈员工不理解。杭罐厂留下的巨额债务和大量职工的安置，此时兼并不一定是好事，娃哈哈部分员工也不愿意，这也是不可低估的阻力。

31 年后，宗庆后回忆说："杭罐厂是一个亏损企业，我们是花了 8000 多万元买回来的，政府当时说，'你只要 500 个人好了，而且不用花一分钱'，结果社会上说我是瓦解国有经济。后来我想，事情都做了，就做吧，2000 多名员工都接下来吧。"有了这样的想法，宗庆后对政府说："你放心，员工我都收下了，连退休工人都收下。"当时，中国还没有退休工资统筹的说法，这意味着宗庆后需要解决2000多名在岗员工的生存问题以及退休员工的吃饭问题。

在三重压力下，宗庆后接受沈者寿的建议，直面杭罐厂职工，摊开问题并一一解决。1991年8月31日，杭罐厂食堂二楼。"我今天来这里，不是来救你们的……"简单的一句话就震撼住了吵闹的人群。台下杭罐厂的职工们发现这个兼并者并没有传说中那般傲慢与霸道，反而很实在。"没有人能救杭罐厂，除了你们，2000多名杭罐人。"宗庆后说道。也正是这场大会，使得宗庆后踏实而犀利的话语深深地印刻在杭罐人心上。当天杭罐厂的职工代表大会就同意了兼并的决议，兼并迈出了跨越性的一步。

如今看来，娃哈哈"小鱼吃大鱼"的兼并重组为什么能成功？

首先是政府的鼓励支持。宗庆后本人也在《宗庆后：万有引力原理》一书中说："当时姓'社'还是姓'资'的争议犹在耳边，我在反对、抗议、争议的旋涡中惊心动魄、惊险万状地行走，却选择扛住。多年之后，当我回忆这场风起云涌、激情澎湃的兼并，它给了娃哈哈爆发力。我由衷地感谢浙江人开拓的勇气和智慧，感谢来自政府和民间的每一份支持。"

其次是宗庆后的锐意改革。兼并完成后，宗庆后立即开始大刀阔斧地改革，对生产和管理模式进行改变，立即拉起一条娃哈哈营养液的生产线，保证营养液的市场供求，但仍保留了杭罐厂清水马蹄的生产线，继续做外贸出口，扩大市场。

最后是宗庆后的有效管理。针对部分职工懈怠、懒散的消极工作态度，宗庆后推行"不拉帮结派，唯德唯才是举；不吃大锅饭，论功论绩奖励""黑板干部""奖勤罚懒"等管理新举措，极大地激励了职工，使得娃哈哈人与杭罐人不分彼此，所有人日夜轮流工作，短短3个月就扭亏为盈，并推动营养液生产产能再上一个新台阶，当年产值首次突破亿元大关。

区域振兴："到西部去"

企业持续发展需要有强大的内驱力，社会责任和使命感是一种具有持续性和正向激励的牵引。根本上，这也是企业创新创业的最大初心。娃哈哈发展史上另一个里程碑式的事件是西进涪陵，背景是国家西部大开发政策，也是信念和使命驱动下的重要战略决策。政策引导的推力、市场需求的拉力和企业使命的内驱力，这三重原因让娃哈哈坚实地迈开了外部版图拓展的第一步。

政策引导企业不断发展。1994年，国家三峡水利工程正式启动。伴随着三峡水库的动工，全国掀起一波支持西部开发、支援库区移民建设的浪潮。同年8月25日，宗庆后作为企业代表，随浙江省市政府代表团一同前往涪陵三峡库区考察，为日后支援项目的落实做准备。当宗庆后到达涪陵时，他感慨万千，当下就想到要在这片贫瘠的土地上创造出"奇迹"来。他意识到作为一个企业家，不仅仅是为了创造财富、照顾小家，还要主动承担社会责任，支持国家经济建设，帮助那些需要帮助的人。

市场需求为企业发展创造机会。以往娃哈哈西南市场的产品都需要从杭州运送过来，一般要半个月左右的时间。当时，娃哈哈得到西南市场的极大认可，销售情况极好。西南市场又是人口大省，产品供不应求，仅仅依靠杭州总部，产能无法满足全国市场的需求。如果能够在当地建厂，则能大大缩短补给线和补给时间。宗庆后认为西南市场潜力巨大，决定将涪陵作为开端，打开通往整个西南市场的通道。

市场竞争促使企业快速扩张。宗庆后认为，企业在发展势头好的时候，必须抢占市场，否则就会被市场淘汰。当下正好有政策扶持，积极响应国家西部大开发号召的同时，川渝地区市场广阔，是行业的必争之地，耽误得越久，市场优势就会逐渐褪去。所以，娃哈哈必须主动走出去。

于是，娃哈哈开启了第一次省外扩张之路，却遭遇重重困难。第一，投资环境差。1994年，改革开放深入发展，西部涪陵的观念比东部沿海要差，计划经济氛围还较浓厚，存在大锅饭思想和官僚主义，办事非常困难，负责审批工作的各个部门互相推诿，管理部门众多。第二，员工管理困难。娃哈哈当时兼并的三家工厂濒临倒闭，处于停产或半停产状态，人心涣散，许多员工冷眼旁观，等着拿钱，安排工作先讲条件，工作要求紧了就大谈劳动法，甚至还出现罢工的情况。第三，员工生活困难。与沿海地区不同，涪陵地区的气候潮湿，人们的饮食麻辣，大家早晨天不亮就到公司，早餐天天吃担担面，中午忙到两点，晚饭经常就是一包快餐面。

涪陵公司是娃哈哈的第一家外地分公司，是娃哈哈走向全国的标志，只许成功。30年后，当时第一批被派驻涪陵的郑守平回忆，在涪陵遇到的困难已经多得记不清了。厂房地形复杂，地貌高低不平，设备都是从杭州拉到涪陵公司的，厂房设在地面的负一、负二层，全靠人力把直径3米多、高四五米的设备运下去。当时看似不可能的任务，靠着娃哈哈人的实干精神，硬是完成了。11年后，郑守平回到杭州。外派11年，他回家次数不到10次。娃哈哈总经办主任杨永军说："在当时交通、资讯不便的情况下，下决心在涪陵建厂发展需要相当大的勇气。三峡库区交通条件十分恶劣，从杭州出发，火车、汽车、拖拉机、轮渡，需要辗转好几天才能到那里。涪陵当地又都是国有企业，员工十分懒散，我们考察团回来都不建议去。宗总下决心一方面响应国家号召，另一方面将网点布向全国，这体现了他的企业家品质。"

为了动员职工积极响应西进战略，宗庆后可谓恩威并用：一方面让娃哈哈人力资源部开出了优厚的薪酬，为派出参与西进任务的员工提供外派津贴；另一方面坚定不移地推动涪陵项目，把它定为"必须攻下来的一道城墙"。在他的强势主导之下，一些年轻人从舒适宜人的杭州奔赴湿冷不便的山城，克服种种艰难条件，硬是在西部的"荒漠"里播下了第一颗酸酸甜甜的种子。

在困难时期，企业领袖的作用显得尤为重要。娃哈哈迈出去在涪陵建厂的过程中，宗庆后是大家的精神支柱。建厂初期宗庆后一直和员工在一起工作、生活，每天比员工起得早、睡得晚，比员工更操心。宗庆后选派了郑守平等三人去涪陵建设分公司，三人分别负责生产、管理、技术方面，他们下了军令状，不把涪陵公司搞好就坚决不回去。涪陵公司建厂初期，公司严格规定，在两个月内完成投产的各项任务，以郑守平为代表的第一批员工每天要赶进度，基本没有休息时间，每天加班加点，早上7点出门，晚上10点回宾馆，当天计划完成以后再下班，回去后继续开会讨论下一步的规划。

经过艰苦奋斗，涪陵基地的建设非常成功。娃哈哈以成熟的产品、技术、市场，辅以雄厚的资金实力和强劲的品牌优势，在涪陵打了个漂亮的排头仗。娃哈哈在涪陵20多年来，不但自身得到了极大的发展，而且为涪陵经济建设做出了重要贡献。涪陵厂的产值和利税快速、连年增长。截至2016年，涪陵公司累计完成销售收入逾90亿元，实现利税逾17亿元，一举成为辐射西南地区的生产枢纽。在三峡工程启动之后，娃哈哈为库区支援项目做出的成就有目共睹，娃哈哈为大量移民提供了稳定的工作和福利待遇。娃哈哈的成绩得到了党和国家各级领导的肯定，也得到了当地人民的认可，娃哈哈成为支援三峡库区建设的一面旗帜，被誉为"三峡库区对口支援的典范"。

涪陵基地建设为娃哈哈全国扩张积累了宝贵经验和信心，涪陵经验成为娃哈哈后续建厂的模板之一，在战略布局上迈出了全国建基地的第一步，为娃哈哈快速成长打下了坚实的基础，助力了娃哈哈品牌在全国各地的推广。随后，娃哈哈在西部地区、革命老区、少数民族地区、贫困地区不断建立生产基地和分公司，通过精耕细作建一家成一家，建一家带动一方经济发展，直接解决了13000余人的就业问题，间接解决了当地农民的农产品出路问题，为农业产业结构调整和社会主义新农村建设做出了贡献。

2008年5月12日，四川汶川大地震牵动着全国每一个人的心。宗庆后得知消息后，紧急发出"举全国企业之力，托起灾民之家，为国家分忧解难"的号召，并在地震第二天就向成都市政府、广元市政府捐助了200万元现金及20万瓶饮料，5月15日又捐助了400万元现金，5月20日再捐助了400万元现金，累计向灾区捐款捐物总计超过1500万元。娃哈哈员工也纷纷组织捐款捐物，累计达到了223.03万元。不仅如此，娃哈哈还为灾区群众提供了数千个就业岗位，为救灾尽自己的一份力。宗庆后在抗震救灾晚会上潸然泪下的场景令人动容。说到做到，为国为民，这正是一个民族企业家的典范。

宗庆后后来说道，"评价一个企业是否履行了社会责任，最重要的几个标准应该是：企业是否依法纳税了、是否为社会创造了有价值的产品、是否最大限度地满足了员工身心发展的需求。第一条是对国家和社会负责，第二条是对广大消费者负责，第三条是对自己的员工负责。如果所有的企业都能切实做到这三条，我们社会的和谐程度就能够得到很大的提升。至于企业家投身其他慈善事业和社会公益事业，当然也是应该大力弘扬和鼓励的，但我认为首先还是要做到前面说的三条。"⊖

⊖ 娃哈哈宗庆后：企业是否履行社会责任主要看三个标准. 新华网，http://www.xinhuanet.com/food/2016-02/23/c_128743540.htm.

被誉为"民族企业家"的宗庆后是这么说,也是这么做的。娃哈哈作为一个有责任感的企业代表,在国家、社会需要之时义不容辞地承担起沉甸甸的责任,将"产业报国、泽被社会"的扶危救困的理念发挥得淋漓尽致。

组织先进:党员"发动机"思维

企业发展离不开制度环境的影响。在中国特色社会主义事业建设过程中,民营企业的发展需要与党和国家的使命目标有机结合起来,积极发挥党组织及党员的先进性和先锋模范作用,形成特色化的管理体系,铸造独特的企业能力。从娃哈哈的成长历程看,在制度变迁和发展的时代,加强党的领导和发挥党员先进性既是企业构筑社会合法性的重要举措,也是激励企业创新发展的重要动力。

从校办小企业发展成为行业领军企业,从扎根东南沿海发达地区到迈向中西部欠发达地区,从普通群众成长为优秀党员同志,宗庆后和娃哈哈始终对党和国家保持高度忠诚。听党的话,跟党走,将企业发展目标深度融入国家的宏大使命和战略需求,使得娃哈哈始终朝着正确的方向快速发展,在服务和贡献党和国家建设事业的同时也得到了社会认可。

从企业发展历程看,娃哈哈的发展离不开党群的建设。早期的娃哈哈就设立了党支部,积极接受党的领导。1991年,娃哈哈兼并杭州罐头厂,杭州罐头厂有2000多名员工,有一个非常规范的党群架构。在兼并之后,党委组织保留了下来,宗庆后出任第一任娃哈哈党委书记。

娃哈哈的党政建设很有特色，是"五位一体"的党群组织架构，即党政工团纪。党政工团纪一直都很完整且高效运转，既有国有企业的架构，也有现代民营企业的柔性。宗庆后认为在企业发展过程中党的领导要有渗透力，他始终坚信党的领导对娃哈哈的发展非常重要，因此也一直心怀感恩。党政活动在娃哈哈的企业文化中独树一帜，优秀的党群工作建设使娃哈哈获得了"全国双强百家的先进基层党组织"称号。中央和谐劳动小组为娃哈哈党群工作定下四条作用，后来也成为全国民营企业党群的学习标杆：第一，要做企业发展的导航助推器；第二，要做民营企业的企业文化建设的倡导者、引领者；第三，要发挥好企业与员工"连心桥"的作用；第四，要在化解企业危机的过程中发挥"挡风墙、定神针"的作用。

娃哈哈的党群工作做得十分扎实，将党群建设与企业实际发展结合到一起，充分发挥党员的"发动机"作用，带领全体员工共同发展和进步。宗庆后认为，企业的党群工作始终都是为了企业发展服务、为了凝聚人心服务的，不能搞花架子。娃哈哈也是在这种求实要求下将党群工作认认真真贯彻落实的。2012年，为了响应保持共产党员先进性教育工作，娃哈哈党建活动推出"我是党员，从我做起，看我行动"的活动。一开始娃哈哈政治部报给党委的是"我是党员，从我做起，向我看齐"，没有得到宗庆后的认可。宗庆后说："我们现在很多党员还不如群众做得好，如果让群众向你看齐，还不如先接受群众监督，看我行动。"所以把主题改成"我是党员，从我做起，看我行动"，并且保留到了现在。目前，娃哈哈有正式党员 1751 名，流动党员 199 名，递交入党申请书 448 人，基层党组织 75 个。很多年轻人愿意加入党组织，因为他们觉得这个集体是干了实事的。

娃哈哈党员的"我为销售做贡献"活动，也是党群建设与企业发展有机结合的很好的案例。每到夏季，天气最热的时候，各个社区就出现了娃哈哈员工忙碌的身影，他们一箱一箱地搬着饮料，在遮阳伞下摆起摊子，拉上横幅"我为销售做贡献"。这个活动是由娃哈哈全国各党支部组织的，旨在培养娃哈哈党员干部的基层服务意识，党员不仅要在会议室学习党的知识，进行思想教育，也要身体力行地积极投身到企业发展中去，主动服务企业发展。党工部团委书记陈美飞说："员工在主题活动中都是在完成本职工作任务后，主动站出来为公司做贡献的。有一次活动要销售一个产品，工厂只给了十几箱，我主动要求增加到 100 箱，不卖完就不回家，大家的士气都被调动起来了。"

2001 年以前，娃哈哈员工的上岗证都是一样的，但从 2001 年开始，党员的上岗证右上角会有一个党徽，向其他人亮明自己的党员身份。很多员工注意到这个细节，就会去观察那些表现好的优秀党员，会潜意识地向优秀员工学习，也想成为优秀分子。有一个车间主任，已经到了一定年纪，还想入党，问他为什么坚持入党，他回答说："我想对自己有更高的要求，我想往前走。"这一番话令人大为震动。娃哈哈在推选后备干部时也经常会重点考虑党群干部。经过多年探索和发展，大家达成了共识，有党群工作经历的人往往是接受住了考验,是政治过硬、有大局意识、严格要求自我的人,在后面的成长过程中更容易胜出。

使命:做民族的、人类的产业

企业使命是企业战略管理的核心要素,回答了"企业为什么而存在"这一深层次问题,往往成为公司核心能力的关键构成。企业处于动态、复杂的市场和社会环境中,清晰和坚定的使命成为驱使企业不断克服困难和创新突破的基础性力量。

娃哈哈始终坚持创业发展为国家为社会的神圣使命,并采取了丰富而有效的执行措施,主动到国家欠发达地区投资兴业,顽强坚守民族企业的旗帜,积极为国为民建言献策,赋能弱势群体,使得企业使命不再是虚无的口号,而是企业融入社会、服务社会、助益社会的生动实践,成为其他企业学习的楷模。

企业使命存在一个形成和升华的过程,形成"利润之上"的使命论述往往要求企业家具有一定高度的思想境界和战略视野,同时,知行合一才能真正发挥使命在明辨方向、汇聚力量、高效执行等方面的强大力量。创业最初,正值改革开放不久,社会上仍存在姓"资"还是姓"社"的思潮争论,宗庆后只是想要经营一个像模像样的校办企业。在经营校办企业时,没有人看得起娃哈哈,企业尤其需要艰苦奋斗、自强不息。用宗庆后的话来说,"人家看不起你,你要自己看得起,而且要让人家刮目相看"。随着企业的发展,企业更多的要为改变员工的生活和提高员工的收入而奋斗。随着企业规模越来越大，赚钱越来越多，企业家会为履行社会责任而奋斗。所以，宗庆后和娃哈哈的使命也会呈现出随着企业发展不断升级演进的特点。

人类健康：从营养液到大健康

市场需求的变化是促进企业创新发展的基本力量，优秀的行业领军企业不能墨守成规，需要主动打破企业既有的成功经验，才能促使企业从优秀走向卓越。否则，经验会成为企业成长的障碍，束缚企业未来发展的潜力。

市场前瞻是企业基业长青的基本要素。很多公司借助规范的市场研究分析和利用市场需求，也有很多企业习惯通过交流与自觉敏锐来把控市场方向。宗庆后非常擅长从市场一线中找出需求，通过对市场信息的分析，倾听一线的"炮火"，从而迅速做出判断。娃哈哈最初的产品儿童营养液，这个需求发现来自于宗庆后对市场痛点的洞察。

娃哈哈营养液的需求发现是在计划生育政策后，很多家庭都是独生子女，生活条件比以前好了，家人比较宠爱小孩，容易造成孩子偏食，小孩面黄肌瘦、营养不良，宗庆后的女儿宗馥莉也是这样。于是，宗庆后带领娃哈哈开发了儿童营养液，产品主要有开胃的作用，用宗庆后的话来说，"小孩子吃了以后胃口打开了，吃得也好了，气色也好了。"

1991年，娃哈哈兼并杭州罐头厂，企业员工从100多人变成2000多人，企业需要新的增长点来支撑其庞大的人员体系。这时，宗庆后发现牛奶是好东西，只是有的小孩不愿喝牛奶。所以，娃哈哈在牛奶中加入果汁开发了果奶。由于常年跟小孩打交道，宗庆后对小孩的痛点把握历来准确。小孩缺钙时，娃哈哈就开始研发钙奶，加了维生素 A 和维生素 D，诞生了影响至今的娃哈哈 AD 钙奶。

1995 年，娃哈哈进军饮用水。据宗庆后回忆："我发现水污染比较严重，当时最早做瓶装水的是广东人，广东人做蒸馏水，但蒸馏水的能源消耗很大、成本很高，口味也不好。后来我发现美国有太空水，就是给太空人员做的水，我就引进来，做纯净水。当时这个水卖 3 块钱一瓶，那个时候已经算很高了。现在你看人人都在喝瓶装水。"

时过境迁，如今市场上的饮料品种已经远远超过那个物质匮乏的年代，市场上能够接触到的饮料品种不下百种。与此同时，人类的寿命长了，富贵病也随之出现，如高血压等；年轻人压力大，睡眠不足，出现了亚健康问题，人们对健康的关注越来越密切。没有人能预测未来几十年的事情，现在能做的就是做好两三年的规划，规划方向围绕人类本身。最近两三年娃哈哈开始转型，转向大健康领域。宗庆后认为，人类发展到今天，终极是要关注生命本身。娃哈哈不仅引进先进设备，更加大力度发展高科技。未来的娃哈哈将是一家改善人类健康的企业。

民族骄傲：为什么是非常可乐

在日趋成熟的市场，往往少数几家大公司主导着市场发展，大公司对潜在进入者形成强大的市场壁垒。但是，由于地域的分割性和消费群体的层次性，大公司往往寻求规模经济，对细分的利基市场尚未或无力全面渗透，因为针对利基市场往往需要企业开发出个性化产品，提供个性化服务。因此，作为后发企业，细分市场可以成为企业发展的重要选择，一来避免与大公司进行正面的激烈竞争，二来通过聚焦细分市场增强对特定市场的理解和把控，进而塑造自身独特的市场地位。

1998 年，娃哈哈推出非常可乐，向国际大品牌发起挑战，主动扛起饮料界民族工业的大旗，也向世界展示了中国企业家的民族精神。从娃哈哈当时的行业背景、市场环境两个方面可以发现当时的机遇和挑战。

第一，行业背景。改革开放以后，有众多国外企业被"引进来"。到了 20 世纪 90 年代末，国内市场竞争变得十分激烈，民族企业大批没落，只能在国外各知名品牌留下的夹缝中求生存。尤其是碳酸饮料市场，国内市场几乎被可口可乐与百事可乐两家平分。到了 1998 年，世界第一饮料品牌可口可乐占据国内 57.6% 的市场份额，以其鲜明的品牌形象和强大的竞争实力稳坐中国可乐市场的头把交椅。紧跟其后的百事可乐，也占据中国市场 21.3% 的市场份额。

在"两乐"的强大攻势下，有民族品牌想要凭借本土优势挣出一片天地，但都是刚冒出点苗头就被压下去，最终没能逃过被市场淘汰的命运，比如"昌平可乐""天府可乐""少林可乐""天天可乐""崂山可乐"……[1]也有实力相对雄厚的企业想要抢夺市场，比如乐百氏，但也在竞争压力面前不得不却

---

[1] 顾力. 非常可乐如何对抗国外品牌［J］. 企业活力，2001：8.

步。乐百氏原本想要打造出自己的可乐,甚至不惜花巨资请来麦肯锡为公司做咨询,当麦肯锡论证得出中国市场做可乐不可行的结论后,乐百氏选择了放弃。

但是,宗庆后不这样想,反而为民族品牌发声:"谁说碳酸饮料市场就一定是可口可乐、百事可乐的,非常可乐一定会三分天下有其一。"从一支小冰棍儿发展壮大的娃哈哈,解决好自我生存难题后,做的最多的事情就是为社会创造福利。在面对国外品牌垄断的可乐市场时,民族企业由于"两乐"光环的遮挡而"寸草不生"。拥有极强民族使命感的宗庆后认为,娃哈哈作为中国食品饮料行业的龙头,有责任去改变可乐市场"洋货一统天下"的局面,振兴民族工业。经过两年多的精心研制,在一片质疑声中,包括合资企业达能的强烈反对声中,宗庆后力排众议,推出了一款"中国人自己的可乐——非常可乐"。

第二,市场环境。1998年,中国农村消费品零售额比上年增长10%左右,增长幅度首次超过城市。随着经济的不断发展,农村市场的消费潜力不断增加,饮料市场预计将比上年增长16.9%。20世纪90年代初期,城市里可乐的消费已经很多。"美国给中国人讲了个故事,说可乐是有一个秘方放在保险柜里,但其实从技术上讲,它是简单的。当时城郊相对比较贫困落后,他们认为这个东西有钱人才喝得起。"娃哈哈销售公司总经理沈建刚介绍说。宗庆后认定,娃哈哈要生产一款属于中国人自己的可乐。

首先是研发。娃哈哈食品科学研究院副院长李言郡记得十分清楚:"我们和一家国际公司合作,选用了一款新型香料,在千百次的试验后成功提取了可乐浓缩液。"那是在医保公司营养液车间,在这个娃哈哈生产第一个自主产品的地方,中国人自己的可乐研发取得了重大成功。㊀

其次是生产。公司从意大利、德国、美国进口了先进的生产线,非常可乐就在下沙基地的百立公司生产,杭州罐头厂有20多名员工调入百立公司,李健是其中一位。他说:"当时我和老师傅、外国专家一起参与设备的安装工作。和我们熟悉的流水线相比,碳酸线增加了配料间、混比机、饱和罐。半年后,第一批非常可乐从生产线下来。大家非常激动。"

最后是营销。对于中国市场营销,宗庆后早已轻车熟路,相较于后进入中国市场的可口可乐与百事可乐,宗庆后对中国人民精神追求的抓取更加有效。宗庆后建立了一套有中国特色的"娃哈哈式营销战略模式",如"集中力量打歼灭战""敌进我退,敌困我扰""游击战",还有用于非常可乐营销的"农村包围城市"等。㊁

宗庆后对农村经济发展保持着关注,在对比城乡经济后,他发现,"两乐"的市场垄断也有自己的短板,它们的主要市场是在一线城市,在那些较偏僻的二、三线城市影响力较弱。于是,娃哈哈选择了农村作为销售的主要渠道,不到两年时间,在中国的角角落落都有了非常可乐的身影。非常可乐在推

㊀ 娃哈哈30年见证系列. 李健见证:非常可乐横空出世 [N]. 娃哈哈集团报.

㊁ 罗建幸. 宗庆后与娃哈哈 [M]. 北京:机械工业出版社,2008.

出 8 个月后,以 10 万吨的销量夺得了全国可乐市场 2% 的份额,销售额过亿元大关。三年后,非常可乐的销售收入更是超过了 15 亿元。自此,在碳酸饮料领域,非常可乐取得了"坐三望二"的位置。

产业自主:击退达能背后的民族主义

中华民族是一个伟大的民族,这段时间,我认为是中华民族复兴的一个大好时机。我们中华民族现在有 13 亿人口,是世界上的一个大国,我们在世界上应该有我们自己民族的地位。在中国共产党的领导下,我们现在进入了一个民族复兴的时期,如果没有一点民族精神的话,我们民族怎么能复兴?

我感觉现在中国人的自信心太差。说实话,我们改革开放 30 年,中国是在走自己的路发展起来的,但现在好像是西方说什么我们就要理会他,实际上我们认为西方这些东西对我们中国并不适用。中国 5000 多年来悠久的历史和文化,现在反而被人家西方人轻视。我们好的东西很多,包括企业管理方面,不要以为西方的企业有什么了不起,不要觉得他们管理很先进,其实到人家那儿看看,还没有我们好呢。当然,我们要吸收人家好的东西,也要发扬自己好的东西,归根结底我们要有一点民族精神,要有一点民族自信心,我想要不了多久,我们肯定会屹立于世界民族之林!

——2008 年 3 月,宗庆后作为第十一届全国人大代表
在"达娃之争"期间在人民网的慷慨激言

中国市场开放过程中,外资企业纷纷进入中国,产生了一定的外部知识外溢,让一些中国企业可以近距离看到优秀的外资企业在研发创新、生产运作、市场营销、人力资源管理等方面的先进实践,找到了学习、提高的榜样,但同时也强化了国内市场的竞争,对培育和增强企业核心能力提出了挑战。

竞争与合作是市场的常态,跨国合资合作也是企业通过优势互补实现快速发展的重要方式,但成功的合作需要企业之间动机一致和高度信任,在此基础上构建有效的治理机制和合作机制,否则容易出现合作裂解甚至复杂纠纷,无法形成真正的合力。娃哈哈正是出于学习先进和提高自我的态度,与行业著名企业法国达能建立合资公司。但是,经过十年的合作发展,双方的矛盾最终显现和激化,出现了轰动一时的"达娃之争"事件。

"我为什么要不惜一切代价与达能斗争,那是他们要我的命!我总不能连老命都没了,还谈什么企业家形象。"已过花甲之年的宗庆后在这场战争中就像一位斗士,不受威胁,不屈利益,态度强硬。

2007年4月,一场"离婚"大战被媒体曝光,长达两年轰轰烈烈的"达娃离婚官司"就此拉开帷幕。面对达能的咄咄逼人,宗庆后甚至亲自撰写了一封公开信——《给法国达能集团董事长里布先生及各位董事的公开信》,信中以战斗式的语气向世人揭示了"达娃之争"的内幕。

(1)"贵方董事永远有理,随时可以把刀架在你头上。"宗庆后认为达能利用其在董事会的优势,一方面对自己提出每年利润增长的要求,另一方面做出许多限制自己的条款决议。"如果你不理他擅自干了,他随时可以以违约为由砍你的头,如果你守约影响了经营其又可以以经营不善为由砍你的头。"

(2)"与不懂中国市场与文化的贵方董事合作是相当艰难的。"宗庆后认为达能委派的董事不懂中国市场,对中国政府业务漠视,加之过于冗杂的管理模式,使得企业发展丧失了许多商业机会。"可以毫不夸张地说,他们可能对39家合资企业的大门朝哪里开都不知道。""既不想承担风险,又不愿履行责任,总想攫取别人的利益,对合资公司没有丝毫帮助。"

(3)娃哈哈的投资权力受到达能的限制,双方合作过程中达能总是表现得非常"势利"。"我们当初的许多投资决定,都曾遭到达能的抵制和反对,并拒绝投资……但当娃哈哈将企业办好了,产生经济效益了,达能却又要强行投入。反过来,对于一些暂时还产生不出效益的项目,达能已投入的亦要求退出。"

(4)"并购不成,就搞个人人身攻击,欲将我置于死地而后快,言而无信,手段不地道。"在"达娃之争"中,为达目的,达能做了许多事情想让宗庆后就范,如"收购不成就采取利用媒体,不惜造谣对我及我的家人进行恶毒攻击""到政府处告黑状""通过猎头公司向员工与经销商发函唆使他们背叛娃哈哈"……⊖

这是宗庆后有史以来面对的最艰难的一场战争。"达娃"

⊖ 2007年6月7日,宗庆后公开发布《给法国达能集团董事长里布先生及各位董事的公开信》,引起轰动。

合作始于1996年，是中国改革开放引进外资的典型代表。但当双方矛盾激化到"对簿公堂"后，国人才发现原来这场"联姻"并不如大家想象中那么美好。

时间回到1996年，娃哈哈与法国食品巨头达能集团、中国香港百富勤公司共同出资成立了5家合资公司，生产以"娃哈哈"为商标的纯净水、八宝粥等产品。根据当时的协议，达能和百富勤在新加坡设立的投资公司拥有合资公司51%的股权，剩下的49%由娃哈哈持有。

1997年，亚洲金融风暴爆发，百富勤公司破产，将其在新加坡投资公司的股权全部转卖给了达能，达能自此一举获得娃哈哈合资公司51%的股权，成为合资公司的第一大股东，获得公司的绝对控股权。与此同时，在提出转让"娃哈哈"商标权被国家商标局拒绝后，达能在当时并没有提出商标权转让的行政复议，反而私下与娃哈哈签订了两份商标使用合同。这就是后来宗庆后提到的"阴阳合同"⊖。

此时的宗庆后还不知道自己已一步一步踏进"圈套"。由于达能派到合资公司的董事并不了解中国市场，又不在国内办公，更不想让其无法一手掌控的娃哈哈合资公司过分壮大（根据合资协议，合资公司的经营管理权由中方享有），因而对于娃哈哈提出的新设公司扩大产能的建议屡屡拖延甚至拒绝。达能一方面要求合资公司寻找代加工厂来解决，另一方面转而去

⊖ 达能与娃哈哈签订的"阴阳合同"共有两份，其中一份简式合同"仅供商标局备案之用"，而另一份详式许可合同则基本上就是原来转让协议的翻版，双方实际按照详式合同来执行。

投资和控股乐百氏等娃哈哈的竞争品牌。为了满足娃哈哈产品巨大的市场缺口，不丧失宝贵的市场机遇，宗庆后和娃哈哈员工只得陆续筹资设立了一批"非合资公司"，为合资公司进行代加工，同样使用"娃哈哈"商标、同样通过娃哈哈统一的销售渠道进行销售、同样分摊相关的销售成本。这批公司的经营情况，每年在达能指定的会计师事务所出具的审计报告中都有详细的披露，会计师甚至还会就非合资公司单独向达能提供备忘录。

2006年下半年，达能突然以娃哈哈集团"私自发展非合资公司与合资公司竞争"和"违反了双方的合同"为由，要求以净资产40亿元的价格，把娃哈哈非合资公司51%的股份转让给达能，力图通过购买非合资公司的股权来夺取对娃哈哈的控制权。至此，这场"阴谋"最终浮出水面变成"阳谋"，箭头直指娃哈哈控制权。

实际上，娃哈哈是达能全球布局中重要的亚洲战略布局点。自1987年进入中国，成立广州达能酸奶公司后，达能便开始在中国饮品行业进行并购战略布局。1990年，国务院下发《国务院关于在全国范围内开展清理"三角债"工作的通知》后，银行突然紧缩让国内大批企业融资渠道堵塞，众多企业陷入垂死挣扎的境地。⊖达能利用资本优势加快对中国饮料市场的战略布局，相继进行了十余次重大并购，获取了一系列中国优秀民族饮品品牌的控股权，如乐百氏92%的股权、上

⊖ 1991年3月1日，国务院办公厅下发《关于继续组织清理"三角债"的意见》的通知。

海梅林正广和50%的股权、光明乳业20.1%的股权、汇源果汁22.18%的股权等,并与娃哈哈和蒙牛乳业等多家企业成立合资公司,瓜分中国市场。㊀自那以后,中国民族饮品品牌大都有了达能的身影,只要收购了娃哈哈全部的非合资公司,达能就相当于彻底掌控了中国饮料行业的龙头企业,从此在中国饮品市场再无对手。

面对达能的气势汹汹,宗庆后坚决不妥协。他明白这是一场中国饮品民族品牌保卫战,娃哈哈一退,不只自己会完全丧失对娃哈哈的掌控权,同时整个中国饮品市场就是达能的天下了。这场争斗,不仅仅是宗庆后的个人战,更是一场民族企业保卫战,作为龙头企业的娃哈哈,发扬中华民族精神,直面世界巨头的挑战,坚定不移地捍卫祖国产业的发展。身为中华儿女,宗庆后从未忘记民族使命,为了中华民族的复兴,他坚定的民族精神正如公开信中的那句宣言一样有力。2009年9月30日,在中、法政府的调解下,娃哈哈和达能集团达成友好和解方案:达能同意将其在合资公司中的51%的股权出售给中方合资伙伴。

民生事业:三呼精神

优秀的企业家不仅善于企业经营管理和创造企业价值,还善于利用自身对企业、社会、国家的深入洞察和理解,提出建设性方案,完成从商业企业家向社会企业家的转变。一方面,

---

㊀ 徐宏宇. 由"娃哈哈达能之争"看法国政府情报之作用[J]. 情报搜索,2007.

企业家大多是问题的发现者，不断在创业发展过程中加深对市场和社会的系统性理解，寻找社会未来面临的机会和挑战，更好地促进企业创新发展；另一方面，企业家往往是问题的解决者，从实操的角度提出解决市场和社会所面临的问题的方案，成为社会进步和发展的一支不可低估的力量。

一直奔走于企业、社会、民生发展道路上的宗庆后，身上有一种"三呼精神"，愿意为民族的进步、世界的发展和人类社会的繁荣提供建设性方案和建议。作为三届全国人大代表，履职15年期间，在第十、十一、十二届全国人民代表大会上，宗庆后总共提交各类建议187条、议案14条，近30万字，平均每年12条，因此被称为"建议大王"。他所提的建议、议案涉及国家方方面面，有政治、经济、税赋、教育、食品安全、"三农"、法律法规、房地产及其他，其中，政治5条、经济38条、税赋13条、教育10条、食品安全8条、"三农"7条、法律法规35条、房地产12条、其他73条。宗庆后的参政议政能力非常强，提出的许多议案被当作重点议案被中央采纳。

一为企业呼声。宗庆后十分关注实体经济发展、企业员工成长进步，全国人民代表大会上他先后提出众多有益于企业发展的议案。例如，2004～2015年间，宗庆后先后6次提出坚持发展实体经济。他建议：减少税种，降低税率，减轻企业的税负，要降低企业所缴纳的各项社会保险的费率，帮助企业有更多的盈利资金去发展实体经济；降低或免除企业的各类费用负担，要明确究竟哪些费用可以收，除此之外各种名目的费用应该坚决予以取缔,切切实实为企业减负;要降低实体经济企业工业用地的出让价格,让企业有更多的钱用来搞生产、搞科研;要降低融资成本,在银行贷款额度中要确定20%以上的比例专门用于中小企业的低息贷款,还要有20%的人专门为中小企业提供金融服务,帮助其发展实体经济。他的坚持得到了中央的肯定,2016年12月14～16日,中央经济工作会在北京举行,会议明确将着力振兴实体经济,坚持创新驱动发展,扩大高质量产品和服务供给。

2014年,他向两会提交了"关于积极推进国企改革,实施全员持股的建议"。他建议:明确职工持股的法律地位,职工持股应做到按责任、技能、贡献大小分不同级别持股,应"能上能下",发挥持股的激励作用,等等。宗庆后认为,党的十八届三中全会《决定》中明确指出,允许混合所有制经济实行企业员工持股,形成资本所有者和劳动者利益共同体。在当前的国有企业改革中,实现全员持股,让普通员工真正成为国有企业的股东和主人,是国企改革最好的方法之一,不仅可以让企业员工分享企业发展成果,增加收入,而且可以有效提高持股员工的责任心和积极性,积极参与企业的生产和经营,促进企业发展。㊀

二为民生呼声。宗庆后十分关注人民生活、社会发展,所提议案符合人民切身利益,比如"三农"、个人所得税以及住房和就业问题。早在2004年,他就建议修改个人所得税

㊀ 周凡琦. 宗庆后:实施全员持股[J]. 中国消费者报,2014:3.

率,进一步拉动消费需求。他建议:我国现行个人所得税法是1993年10月31日颁布实施的,至今已有10个年头,目前已明显不适应经济发展的现状,不利于拉动消费需求。为进一步促进国民经济发展,我们提议修改个人所得税的起征点与征收税率,将起征点调到1600元。2008年,宗庆后又提出将个税起征点调到5000元。宗庆后的建议得到了国家的肯定,推动了个人所得税法的修正进程。2005年8月23日,十届全国人大常委会第17次会议审议国务院提交的《个人所得税法修正案(草案)》,此次改动最大之处就是费用扣除额从800元调至1600元。从2008年3月1日起,我国个税起征点从原来的1600元/月调至2000元/月;2011年4月20日,个人所得税免征额调至3500元。

针对年轻一代急需解决的住房和就业问题,宗庆后也提出了相应的建议。他提出六大建议:开发商要降低房价;对于无房户和刚需人群,建议政府完全免除他们购房时的税费,而开发商降价向困难人群销售房屋的,亦予以减免税费;银行对无房户首套房降低房贷利息;建议将土地出让金即楼面价从房屋价格中剥离出来,由购房者直接与银行签订协议免息偿还冲抵开发商的相应贷款,并且可以分50年或者70年支付,这样既可以降低购房的付款压力,银行收回贷款亦得到了保障;鼓励有条件的企业将住房公积金一次性支付给员工,用于帮助员工购买住房;必须将经济适用房供给刚性需求的低收入人群,对弄虚作假骗购经济适用房的,依法规定一经查实予以没收的政策,确保低收入群体亦能住上房。

2008年，他提出要进一步修订完善《食品安全法（草案）的议案》。他建议以综合型的《食品安全法》逐步替代要素型《食品卫生法》，这样既可以扩展法律的调整范围，涵盖食物种植、养殖、加工、包装、贮藏、运输、销售、消费等全过程，以规范的法律形式来确保食品安全。国家高度重视食品安全，2009年6月1日起《中华人民共和国食品卫生法》废止，取而代之的是《中华人民共和国食品安全法》。

三为国家发展呼声。他提出一系列有利于中华民族复兴的议案。宗庆后非常关注"三农"问题，先后几次提出建议：希望提高农产品价格，增强农民种地的积极性；改变"普惠制"的补贴方式；限制农用物质涨价，规范农产品的流通环节；转变"救穷"观念，创造条件帮助农民致富。城镇化建设是中国走向繁荣富强的重要举措，2014年宗庆后建议：通过优惠政策积极推进产业下乡；推动文化教育医疗卫生下乡，吸引和鼓励人才下乡；严格控制大城市发展规模，调整大城市定位；促进中小城市城乡统筹，推动农业集约化发展。

推进质量品牌建设是中国从制造大国走向制造强国的必然要求。宗庆后建议：加强品牌发展的顶层设计，将实施品牌发展与质量强国战略纳入"十三五"经济社会发展重大布局；营造品牌发展的良好环境，实施"中国精品"培育工程，推动打造一批国家品牌、国际品牌；创新品牌发展的培育手段，开展品牌领域国家标准、品牌价值评价国际标准的制定，增强我国自主品牌的国际话语权；设立质量强国建设专项基金，支持企业开展以提升质量水平为主要内容的创新活动；提升中国品牌的文化内涵，为中国品牌"走出去"积累口碑、树立形象。

包容赋能：慈善与慈善观

从事慈善事业和履行社会责任，越来越被中国企业所接受和认可，这也是社会和企业发展到一定阶段的必然趋势。企业履行社会责任的方式多样，但都值得社会的肯定和赞许。宗庆后认为，一个人最伟大的成就应该是为社会创造价值，企业要不断地创造财富，才能更多地承担社会责任和推动社会进步，才能给更多的人带去欢乐。宗庆后的慈善观值得赞许和倡导，他从产生贫困问题的根源出发，探索出了一条可持续发展的慈善之路：通过给弱势群体和学生等帮扶对象赋能和创建发展平台，增强其自身发展能力，进而从很大程度上解决贫困问题。从这个意义上来讲，宗庆后是一位出色的社会创业者，用其商业化思维和模式来促进社会共同进步和发展。

做善事是企业应尽的责任，但做慈善也要有发展理念，不能盲目。宗庆后认为，受恩于社会先富起来的企业，要回馈社会，要遵循"先富带动后富"的理念，不能盲目地直接捐钱、捐物，要有"造血功能"。在中国实行"大锅饭"时期，社会生产效率低，人民过的是苦日子，当改革开放实行家庭联产承包责任制以后，社会上形成一种勤劳致富的氛围，人们创造财富的积极性和社会生产效率都得到了极大的提高，人民的日子过得越来越好。⊖对于慈善，他强调要跟救济区别开来，认为

⊖ 张枭翔，吴阿仑. 宗庆后国富论［J］. 中国慈善家，2013：8.

"授之以鱼不如授之以渔"。只有扶持对象拥有了主动发展的意识，他人的善意才能发挥出最佳的帮扶效果。

所以，他很强调要为弱势群体创造致富平台。与很多企业家直接捐钱、捐物的帮助不同，宗庆后更加注重扶持对象的长远发展。"我来自社会基层，了解老百姓的想法。老百姓不需要我们那么强势地去管理……有了物质基础，老百姓的道德水平和自制意识提升后，你不用管他，他知道什么事能干，什么事不能干，这样社会才能管好。"长于土地的宗庆后，了解老百姓最需要的东西。[一]宗庆后的原则是救急不救穷，对那些失去劳动能力的弱势群体，会给一些直接的救济，但大部分做慈善，都希望是借助平台让扶持对象用自己的力量改变生活。他认为，那些贫困地区也要有自己的造血功能，"输血不如造血"。娃哈哈最大的慈善就是在欠发达地区和少数民族地区投资建厂，鼓励员工通过自己的勤劳去创造财富，捐钱则只是一个输血的过程，不能从根本上解决问题。所以，娃哈哈很多工厂都建在一些老少边穷地区，既可以帮助解决当地的就业难题，还可以带动当地经济的发展。

从1994年开始，娃哈哈就在西部贫困地区走上了实业扶贫的路子。截至2017年年底，娃哈哈先后在重庆涪陵、四川广元、湖北红安、吉林靖宇、吉林延边、江西吉安等中西部及贫困地区的17个省市，投资85亿元建立了71家分公司，直接吸纳当地就业人口近13 000人，累计实现销售收入1642亿

[一] 迟宇宙. 宗庆后：万有引力原理［M］. 红旗出版社，2015：11.

元,创造利税总计282亿元,上缴税金95亿元。○

不仅如此,因为娃哈哈良好的企业形象,成为许多企业投资办厂的风向标,许多企业会跟随娃哈哈的建厂脚步进入贫困地区,这就更加有力地拉动了当地经济和社会的发展。用娃哈哈集团政治部部长叶峥的话来说:"娃哈哈到一个地方去建厂,不只是给当地政府交税,它带来的其他力量也是巨大的。"

宗庆后特别重视"扶贫扶智"。宗庆后小时候曾因家庭贫困,只念到初中。他非常明白教育的重要性,他说:"我觉得国家强大,教育、人才很重要……应当帮助这些寒门学子与其他人一样有一个公平的受教育机会。"所以,在娃哈哈累计5.65亿元的公益捐赠中,一半以上是对教育事业的资助。

从2007年起,娃哈哈先后在贫困地区援建了22所希望小学、1所对口帮扶小学、100个阳光操场。2009年6月,公司注资1000万元成立了"娃哈哈慈善基金",建立起长效的公益慈善体系。2011年设立的"娃哈哈·春风助学"专项资金,累计专项金额超过7000万元,帮助2万多名困难学生圆了"大学梦"。2012年,娃哈哈捐赠2950万元,与中国扶贫基金会共同发起娃哈哈营养快线一瓶一分"筑巢行动",援建了8省、26县、52所学校,帮助贫困地区的儿童解决了宿舍难题。

"春风行动"是2000年杭州在全国率先发起的以"社会各

○ 陈海峰. 持续回报社会30年,细数娃哈哈公益慈善之路. 中国新闻网, 2018, http://www.chinanews.com/m/business/2018/03-20/8471657.shtml?f=qbapp.

界送温暖，困难群众沐春风"为主题的慈善活动。娃哈哈始终积极参与这个活动，奉献企业爱心。2008年，"春风行动"进行动员大会，娃哈哈当场举牌认捐。娃哈哈外联办主任卢东回忆了这个场景，她说："我们举出300万的捐款，全场都轰动了，这是'春风行动'单笔最高的捐款。"宗庆后认为，"有条件、有能力的企业出点钱，帮助弱势群体，是企业不可推卸的责任。娃哈哈坚决支持'春风行动'。"⊖"春风行动"到今年已经18个年头了，宗庆后认为这是一份心意，作为杭州企业，这是对杭州人民最好的回报。

家长：员工的事情企业办

企业文化是企业的软实力，是企业最为重要的能力要素之一。企业文化不仅需要特色鲜明的外在表现形式，也需要有切实有效的内化功能，两者需要有机融合，否则，企业文化就容易成为一种"花架子"和"摆设"。

娃哈哈立足中国文化传统特色，形成了以"家"为核心内涵的企业文化。娃哈哈的家文化体系分为三个层面：第一层是凝聚小家，核心思想是强调通过凝心聚力促进企业的生存和发展；第二层是发展大家，核心在于强调通过激发员工和赋能员工来实现员工与企业共同发展；第三层是报效国家，核心在于强调企业要心怀感恩和贡献国家。这种企业文化融合了"小

⊖ 娃哈哈30年见证系列. 卢东见证娃哈哈慈善之路："春风行动"送温暖[N]. 娃哈哈集团报.

家""大家"和"国家"三者的关系,既符合个人需求,又聚焦企业目标,还面向国家使命,具有很强的延展性和渗透力。宗庆后坚信并笃行企业的核心文化诉求,影响和带动员工践行企业文化,成为成功建设企业文化的关键。

全面福利:员工的事情企业办,企业的事情员工办

员工与企业是利益共同体、发展共同体和命运共同体。企业的发展需要充分发挥员工的主动性和创造力,企业也要回报员工的辛勤投入,两者互为因果,相互促进。当企业和员工之间的目标与利益不平衡和不一致时,企业就会缺乏发展动力,员工也会缺少物质和精神方面的成长空间。娃哈哈明确企业存在的根本目的,真正坚持和落实"以人为本"的理念,靠员工发展企业,为员工发展企业,形成了强大的文化凝聚力和组织能力,所以企业能够持续快速成长。

员工的事情企业办,凝聚了娃哈哈家文化中企业对员工的态度。娃哈哈努力做到让员工没有后顾之忧。身为一家之长,宗庆后时刻关注员工的发展与需求,还会亲自安排解决员工的生活问题。早期,娃哈哈有一个政策,员工结婚时可以向公司借车,就是宗庆后自己那辆凯迪拉克。他自己不喜欢高调,就告诉员工:"如果结婚,需要一辆漂亮一点的车,可以来借这辆车当婚车用。"

娃哈哈重视满足员工的薪资诉求。娃哈哈的薪资主要由三部分构成:工资、奖金和年底分红。工资是基本收入,奖金是多劳多得的奖励,分红则是高收入的主要来源。20世纪90年

代的娃哈哈是饮料界的一匹黑马,马鞭子便是宗式激励机制。工资根据个人工作业绩和贡献进行半年小调整、一年大调整,当时,员工工资年年都能增加20%左右。

1999年,娃哈哈改制为股份制企业,每位员工都能拥有数额不等的股份。伴随着娃哈哈事业的蒸蒸日上,娃哈哈人的高收入之路也随之开始。比如周丽达,1987年进入校办企业经销部,到2003年她的年收入已过300万。对无数像周丽达一样的员工来说,他们在娃哈哈找到了自己的财富和人生价值。2008年,娃哈哈车间80%的务工人员都有配股,员工每年的分红大约为一年正常工薪的50%,甚至更高。这种高回报的"全员持股"在国内企业中是少见的。宗庆后表示:"我感到他们(员工对自己的薪酬)还是满意的,因为他们的劳动积极性比较高,他们确实也很辛苦。"

娃哈哈注重提高员工的福利保障。娃哈哈每年花费2亿元,通过十余项制度保障员工劳动合同的签订、发薪、缴纳五险、休假、探亲、健康体检等权益。员工不仅可以享受用餐补贴、子女保育费、节日慰问、带薪年休假和探亲假,每年还有500～3000元不等的旅游费、探亲车船费等。细心周到的大家长宗庆后非常关注员工的住房问题。中国大部分城市的房价较高,年轻人的住房问题比较难解决。20世纪80年代政府提倡实物分房时,公司就通过细化评分员工的职务、职称、工龄等标准进行实物住房分配。当国家取消实物分房后,公司就向当地政府争取部分优惠政策,出资购买经济适用房,再由公司和个人各出一部分资金。"公司买下的房子约3000元/平方米,当分配的时候,公司补贴1200元/平方米/人。如果夫妻都是娃哈哈员工,补贴更多,员工能承受这样的价格。"仅2008年,娃哈哈就分配给员工200套经济适用住房。娃哈哈保证所有员工都能有安全、舒适、干净的住宿,使得员工不用为住房问题过多操心,不用成为压力重重的"房奴"。

愿意跟着娃哈哈,不只是口头一句话。娃哈哈员工用自己的实际行动来表决心、回报"家"。在娃哈哈,管理人员毫无架子,温和亲切,他们都是从最底层做起的,和一线员工共同流血流汗并结下了深厚的战斗情谊。娃哈哈有一个规定:新来的大学生必须到厂里最艰苦的工作岗位工作3个月,而且每天工作不得少于12个小时,就是为了让大学生们学会踏实、吃苦。员工进入一线,敬业精神与实战能力都得到大幅度提高。2004年前后,娃哈哈茶饮料面世,7~8月正是茶饮料产品的热销季,全国各地的订单都催促着发货,宗庆后就带着科室的管理人员,全部下到仓库帮忙发货,没有现代化的机械手,只能靠人工搬运,仓库里忙得热火朝天,干部和员工埋头苦干,不分领导和下属。

"人要懂得感恩,娃哈哈给你的绝对是丰厚的报酬,你就要对得起这份报酬。"娃哈哈前投资部部长顾小洪说:"我在外出差,若是空下来一定会去逛超市,去看看我们的产品质量怎么样,看看有没有什么问题,如果有问题我就会去找分公司,看看是哪个地方有问题。一旦发现哪里出了问题,我就马上打报告,因为我觉得这不是一件小事情。"

大家长自然要操心"儿女"的人生大事。娃哈哈内部专门成立了"思慕俱乐部",单身员工在这里相识相知相爱,然后步入婚姻的殿堂。宗庆后在一次检查车间时,看着年轻朝气的员工,突然转头说:"我们这么多优秀的小伙子、小姑娘都结婚了吗?肥水可不能流外人田啊!"㊀对娃哈哈人来说,2007年11月15日是一个特别的日子,因为它不仅仅是集团的20周年庆典之日,还是108对来自全国各地的娃哈哈员工的集体婚礼之日,宗庆后亲自证婚,给每对新人派发了1999元的红包。公司还解决了婚房问题,在浙江海宁基地兴建了一批专为外来务工者提供的结婚用房。员工小家庭的喜事变成公司大家庭的喜事,"家文化"氛围和谐融洽。

员工子女的教育和看病也是大家长要考虑的事。1993年,宗庆后召开有关教育问题的座谈会,公司决定每月补贴杭州市上城区教师50元,在当时这是一笔不小的福利。1995年,宗庆后拨款1500万元资助当时的"劳动路小学"改建校舍,该校后改名"娃哈哈小学",娃哈哈员工的小孩都可以到该校上学。20世纪90年代经济比较困难时,企业一些员工看不起病,娃哈哈员工就医的医药费都可以报销,员工们都能安心治病。解决了员工子女上学、有病就医的后顾之忧,员工们都能安心工作。

娃哈哈也很重视为员工提供发展机遇。宗庆后坚信,只要给予员工适当的手段与支持,他们便会更加愿意工作,并且一定会做得更好。在娃哈哈,员工可以进行部门调换,内部轮

㊀ 王立仁.宗庆后如是说[M].北京:中国经济出版社,2010.

换岗位。同时，公司实行"黑板干部"政策，不论资历，只论能力，有敬业精神、业务能力的员工都可破格提升担任一定职位。当年，郑道哈只身一人闯荡杭州，进入娃哈哈的第一份工作是维修工，然后是工段长，再到车间主任，而后是设备科长、深圳分公司副总经理，10年后，他已是新乡分公司的总经理，几乎每两年就迈上一个新台阶。和郑道哈有相似经历的人不在少数，他们都在娃哈哈的大舞台上，通过自己的努力大放异彩。每一年娃哈哈会召开择选会，让员工进行全面总结，积极对公司建言献策。员工提出一点建议，公司都认真考虑。娃哈哈的变革就是以这样稳中求进的方式进行着。

企业的事情员工办，凝聚了娃哈哈家文化中员工积极作为和主动奉献的精神。一个最为典型的事件是，娃哈哈与达能的合作和裂解。在漫长的合作谈判过程中，有两条让娃哈哈员工永远记住：45岁以上职工位置不动、退休工人待遇不变。宗庆后认为，达能要与娃哈哈合资合作，就要接受娃哈哈的老员工，每位员工都是娃哈哈的组成部分，绝不放弃、不抛弃任何一名员工。达能在这个问题上多次谈判无果后只能接受。感动于宗庆后维护娃哈哈所有员工的行为，当娃哈哈与达能的合作破裂时，所有员工毅然决然地站出来。

"我记得当时公司在国外打官司，我们是没有优势的，但我们娃哈哈的员工就很自信，自发地穿着我们娃哈哈的衣服，去签字、去发声，包括新闻发布会，大家都很自信地去呐喊助威，帮助宗总，说要和宗总一起走。"党工部团委书记陈美飞回忆说。2017年6月12日，40名上海娃哈哈员工自发组织到达能的上海新闻发布会，他们高举"要宗总不要达能"，向达能、向社会表达心声，全力维护宗庆后。在这期间，大家团结一致，最后达能就退股了。

企业事事为员工着想，员工也把企业当作自己的"家"，把自己视为家庭的一分子，积极为企业出谋划策。在这种双向的关系中，每个人各司其职，为共同的目标而奋斗。

关爱员工："大家长制"

企业管理首先是人员管理，尤其是人心管理。中国历来具有独特和浓厚的家文化，企业员工不仅为了物质财富而工作，也为满足精神需求而工作。娃哈哈将中国传统文化与企业实践有机结合打造出自己的家文化，家长以身作则，勇担责任，在满足了员工马斯洛需求层次理论中的生理、安全等基本需求之外，还很好地满足了尊重、社交、自我实现等高层次需求，使得员工从简单的经济人转向健全的社会人，成为公司创新发展的不竭动力。

"大家长制"在人心管理方面起到了关键作用。娃哈哈一直致力于营造"家"的氛围。在大家庭中，大家长举足轻重。"严父慈母"历来是中国传统家庭的模式，宗庆后一人担任两个角色，完美融合严格与慈爱。作为一家之长，宗庆后以"传帮带"的形式用言传身教来带动和影响员工。

娃哈哈每年有一个传统的"见大家长"活动，一般是7月份，所有新员工在参加完培训后都要参加一场座谈会。新员工都会满心雀跃、激动不已，他们可以一睹大家长宗庆后的风采。在工作方面，宗庆后强调严格与高效，像严父一样勤劳、拼命，扛起责任的担子。创业多年，宗庆后每天7点就来到办公室，一直到晚上十一二点才休息，吃食堂，住办公室，几乎没有任何娱乐活动。他还抽出大量时间阅读学习，经常带回很多样品进行学习研究。

宗庆后就像将军带着士兵冲锋陷阵打仗，始终冲在前面。员工们自愿跟着宗庆后，学习他的持之以恒和艰苦奋斗，完成他的高要求任务。宗庆后以身作则，严格要求下属，尤其是干部，要求他们以踏实、严谨的作风认真完成每一项工作。在领导的带头作用下，娃哈哈的干部员工都能做到务实敬业、任劳任怨。娃哈哈有一套严格、科学的规章制度，"令行禁止"是娃哈哈员工的行为规范。有一年除夕，公司规定下午放假，一名员工完成工作后在工作时间去公司浴室洗了个澡，结果被突击检查抓到脱岗，虽然似乎"情有可原"，但不能破坏制度，公司按照相关规定扣除当月奖金和部分年终奖，损失达5000多元。

宗庆后很注重关心人、理解人、尊重人的情感管理。各级管理者既指导员工工作，也关心员工生活。公司每年会有"十大好家长"活动，评选出优秀的管理者，宣传他们的人本管理事迹，将"亲情文化"渗透到各级各层。宗庆后在生活中慈爱亲和、细心周到，就像慈母一般关心员工的生活琐事。他会围着小圆桌和年轻人聊起时下最流行的电视剧。对于员工家属，他也以大家长的风度，带领公司送上温暖。陈美飞总是会想起运动会上不小心扭伤脚的事情，她意外得到了宗庆后的关心。

"你没事吧？需不需要坐车？"简单的一句问候，却一直烙印在她心里。她表示："宗总对员工家属也很好。整个公司的氛围很温馨，他会考虑到你的事情，你就感觉到很温暖，连一些小事情都会帮你。"

"我们公司有员工的小孩得了白血病，他一个人在娃哈哈工作。因为要换血，他上报到分工会，分工会再报到工会，宗总知道了，一号召，献血车来到基地，所有员工都去献血，连献给谁都不知道。很多人吃午饭的时候就去献了，献完就跑回去工作了。问他们为什么要献血，他们都会说：'娃哈哈的小孩不就是我们自己的小孩吗？'"叶峥说。

宗庆后内心深处把自己当成几万名员工的家长，自觉承担家长的责任，为员工的发展而不懈努力。曾有人问他：您都是首富了，为什么还这么拼命？宗庆后回答："按照我个人的收入，我的财富已经不需要我再这么辛苦的工作了，但是我身后有3万名员工，有3万个家庭，有这么多跟我们一起合作的伙伴，如果我不做了，他们怎么办？"他艰苦奋斗不是为了个人财富，更多的是一种对大家庭负责的态度。也正因如此，娃哈哈才会在大家长的号召下凝聚力量，共创辉煌成就。

除夕佳节，历来都是漂泊游子最惆怅的时候。看着当地的同事都欢天喜地地回家吃团圆饭，来自外地的娃哈哈员工心中既复杂又酸楚。为此公司组织了一顿盛大的"千人年夜饭"，众人一起期待着新年伊始，年复一年。所有员工都围坐一团，碗筷已摆好，但怎么没人开动呢？只见他们都望眼欲穿地盯着门口，等着什么人的到来，终于一道挺拔的身影出现了。宗庆后的到来，引燃了年夜饭的热闹氛围，他举起酒杯，向所有在娃哈哈过年的员工敬酒，表达感谢，畅想明天。噼里啪啦的鞭炮声夹杂着觥筹交错的推杯声，驱散了不该属于除夕夜的冷清和孤单，这一刻，只留温馨……

集体主义：万名员工一个理念

随着公司规模不断扩大，许多公司容易出现"大企业病"，部门利益凸显，各自为政，推诿责任，内部协同困难，执行力减弱，成为制约公司持续健康发展的一大阻碍。根据企业生命周期理论，领导力和战略管理能力成为克服"大企业病"和实现持续成长的有效对策。娃哈哈的持续发展首先得益于公司拥有高公认度的企业发展理念，在此基础上通过扁平化的组织结构、畅通的沟通机制、有效的规章制度、"以人为本"的企业文化等，促使将理念转化为行动。

在娃哈哈，上下只有一个声音，即宗庆后的理念和思想。娃哈哈采用民主与集中相结合的扁平化组织，总经理对各部、分公司采取分级授权管理，各部、分公司直接对总经理负责。在这种体制下，决策的科学性是公司发展的关键。宗庆后从大局观出发，在广泛听取民主意见的基础上进行决策，而执行环节则需要所有部门互相配合、团结协作。娃哈哈强调高效执行、团结协作的文化理念。

为了最大程度地确保决策科学，宗庆后高度重视决策依据的客观性和真实性，并将这种精神和风格"传承"给管理人员和员工。陈美飞于2003年进入娃哈哈工作，第一个职位是精密机械制造公司的综合管理员,上司是来自于浙江大学的博士。上司写材料时非常谨慎,对数字的估算十分精确。她起先一直很疑惑,渐渐地因为工作原因接触到了宗庆后,发现上司对数字的精确把握源于宗庆后对数字的敏锐和要求。每次娃哈哈员工交给宗庆后的报告都十分谨慎且精确,久而久之,陈美飞也学会了以谨慎、认真的态度对待工作。

宗庆后对数字的敏锐和严谨来自于他对一线市场的熟悉。宗庆后时刻关注着一线市场,通过与销售人员、消费者交流牢牢把握住市场一线的情况、动态以及了解产品的结构、网络的结构、人员的业绩表现等,然后他会亲自撰写《销售通报》,将掌握的企业销售情况进行梳理、总结,然后下发至各部门。《销售通报》在无形中成为一个上情下达的有效载体,有助于营销理念的交流、传达和指示,全国各地的干部员工都能第一时间接收到,并予以执行。

在一个理念的指导下,娃哈哈上下齐心聚力,高效执行。娃哈哈的高效率一直为人所称许。1991年兼并杭州罐头厂后,娃哈哈决定建一条月产300万盒娃哈哈营养液的生产线,这通常需要3个月时间,但宗庆后推行"不拉帮结派,唯德唯才是举;不吃大锅饭,论功论绩奖励""黑板干部""奖勤罚懒"等新举措,极大地激励了全体职工的斗志,所有人日夜轮流工作,仅用28天就超额完成任务。

1993年,娃哈哈接到一笔马蹄大单子,由于马蹄收购地域很广,保质期又短,为快速生产,娃哈哈员工掀起"削马蹄大会战",公司总经理办公室、人保部、市场部、质检部、政治部等部门纷纷抽出人，坐在冷库前一起削马蹄。在全体员工的团结协作下，马蹄罐头生意保质保量、迅速高效地完成，娃哈哈深受外商好评。娃哈哈前市场部部长丁培玲说："整个公司都是这样的气氛，'黑板干部'，你业绩做不出来马上就会下去，氛围很好，无论是干部还是员工，整个过程大家都是一条心。"

高效地实施公司的相关理念不能只靠员工自觉，娃哈哈还制定了大量的相关制度，以制度来规范员工行为。生产有工艺要求，科研有开发程序，福利有员工关怀制度等。员工在高强度的工作氛围下恪尽职守，在浓厚的家文化氛围中团结合作。高效协作深深烙印在娃哈哈人的脑海中，时时按照这一准则做事。作为饮料界的龙头企业，娃哈哈严格监管产品的质量安全。宗庆后认为质量不只是质检部的事情，而是整个公司的事情，所有人都要有质量意识。娃哈哈的质检部门，坚守在产品安全的角角落落，为每一件出厂产品的质量严格把关，多年来娃哈哈从未沾染上大的食品安全问题。娃哈哈还专门成立了市场督察部，对流通环节和消费终端的产品质量进行经常性检查追踪，以做到对每一瓶产品从原料供应、组织生产到最终到达消费者手中全程监控，确保食品安全。有员工在超市看到一个除了盖子其他部分都和娃哈哈产品无异的产品，立即上报，后经确认才知道是公司换了模具，原来是一场"乌龙"事件。这都反映出娃哈哈人在认真执行宗庆后的产品质量安全理念。

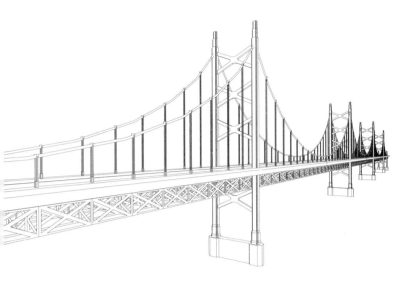

第二章

创　新

管理学大师德鲁克在《创新与企业家精神》中谈道：凡是能使现有资源的财富生产潜力发生改变的事物都足以构成创新。他用需求术语而非供给术语来定义创新，创新就是通过改变产品和服务为客户提供价值和满意度。受熊彼特创新理论影响，潘罗斯（1959）认为，企业成长的重要一环就是发现潜在的成长机会，企业家的基本功能正是发现和利用机会。学者们对创新的认识在宗庆后身上集中体现为一种自我追问的意识，驱使他经常问自己"还能多做些什么""这到底是不是用户真正想要的"。

从营养液到果奶，从纯净水、茶饮料到八宝粥，从碳酸饮料到果汁饮料，娃哈哈不仅在产品品类上持续拓展，更重要的是宗庆后从未停止过构建和完善公司的系统创新能力。因此，娃哈哈人一直将宗庆后称为"创新发动机"。

近年来，颠覆式创新受到理论界和企业界的高度关注，但并不是每家企业都适合和有能力开展这类创新。正如德鲁克所指出的："尽管基于科学的创新非常引人注目、富有魅力且相当重要，但它实际上却是最不可靠和最不可预测的来源。"现实中，对于大部分企业而言，更多的创新源于再平凡不过的细节，从一个个极小的单元点发展起来，最终形成一个完整的创新系统。娃哈哈的创新是一条渐进式发展之路。创业初期，公司实力有限，单元创新成为现实选择，聚焦一个单元（如一个产品或工艺）的创新成功率相对较高。

从单元创新开始，再到模组创新，最后升级到系统创新，这三个维度可以解析出娃哈哈的创新管理路径（见图2-1）。

第一，成功的单元创新有助于企业在特定的点上形成差异化竞争优势，多个单元的创新则增加了竞争者复制模仿的难度，从而增强了娃哈哈的综合能力。第二，模组创新可以是企业横向单元之间的协同创新，也可以是业务链上下游单元之间的协作创新，娃哈哈在这方面成绩非凡。第三，系统创新既包括企业内部纵横交错的创新协作系统，也包括突破企业边界的开放式创新生态系统，帮助娃哈哈在自身资源、能力有限的情况下有效响应市场需求变化，促使企业在复杂多变的环境中构建起动态能力。动态能力是对企业既有核心能力的刚性缺陷的克服，也是企业基业长青的动力保障。

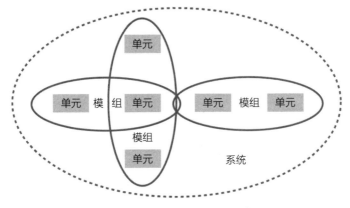

图 2-1　单元－模组－系统创新体系

从三种不同创新类型对娃哈哈发展的贡献来看，单元创新塑造的是"点"优势，帮助企业在特定专业领域形成专长优势，点优势往往是容易被模仿和突破的；模组创新形成的是"线"优势，帮助企业在几个特定专业领域塑造出组合优势，线优势需要竞争对手花费较长时间才能学会；系统创新构建的是"面"优势，帮助企业在多个方面形成综合优势，面优势往往是最难被解密和学会的，这才是娃哈哈最为关键的、持续性的竞争优势。所以，30多年以来，尽管市场竞争日趋激烈，消费者需求变化日渐个性化和升级化，娃哈哈凭借其出色的系统创新能力始终站立在行业的潮头，探索和引领着行业的发展方向。

单元：每一个细胞都充满创新活力

娃哈哈发展到今天，很重要的一个原因就是要不断创新，创业初期实力弱，我们就跟在别人后面搞跟进创新，在别人的基础上稍微改进一下；有了一点实力就搞引进创新，把国外的技术和产品引进来进行本土化的改造打开国内市场；成为龙头企业以后就必须自主创新，而且要成为引领行业、引领消费的标杆。

——宗庆后在 2015 中国饮料工业协会年会上的讲话

单元创新是企业创新的基础，只有将研发、生产、市场等一个个的单元进行有效的创新，才能夯实企业持续发展的基础。单元创新往往强调对单元的深度理解，充分挖掘单元的优势，是一种垂直的深度创新模式。

娃哈哈的单元创新从需求开始，其最初的产品概念源于用户，但当时研制、生产出品质过硬的产品成为企业的第一个短板。在找到合适的人以后，经过大家的努力，配方和工艺问题得到了解决。产品研制成功后,营销单元又成为最重要的制约瓶颈,否则用户无法了解产品,就无法形成购买意愿。宗庆后依靠自己极具创新力的营销天赋,独辟蹊径,引领娃哈哈营养液在众多保健品中脱颖而出。而营销效果达成后,下一个制约单元就是渠道,让用户便捷地买到产品,否则不发达的渠道网络无法支撑产品销量提升。渠道单元构建成功后,销售规模扩大,企业收入和利润增加。所以,在企业发展初期,宗庆后的主要创新任务就是攻克构成企业发展障碍的"必要"单元。

产品:连续性创新,而非破坏性创新

没有一家企业不喜欢创新,也没有一个企业领导人不为创新而战。在娃哈哈人看来,宗庆后的创新思想根植于骨子里,他本人喜欢创新,而且追求精益求精。产品创新是大多数制造企业的基本创新内容,分为渐进式创新和破坏式创新(或颠覆式创新)两大模式,它们本身并无优劣之分。不同创新模式的选择,取决于行业发展水平和企业能力水平。

娃哈哈从跟进式创新逐渐发展为自主创新,既由于市场和行业不断成熟的强大拉力,也由于企业自身能力不断提升的厚实推力,但其成功的核心在于基于市场需求的创新理念,并在开放创新环境下整合内外部资源进行高效研发和市场化。

世界创新大师克里斯坦森教授在《创新者的窘境》中指出,大多数新技术都会推动产品性能的改善,它们都是根据主流市场的主流客户一直以来所看重的性能层面,来提高成熟产品的性能,特定行业的大多数技术进步从本质上来说都是延续性技术，不具有破坏性，属于渐进性技术。[一]他得出结论：延续性技术很少导致领先企业失败。娃哈哈的创新总体上是渐进性创新。从营养液开始，娃哈哈的产品创新经历了从 0 到 1 再到 N 的变化过程。总体来看，可以分为四个重要阶段。

阶段 1：跟进式创新。

娃哈哈在起步阶段实力较弱，跟进式创新是最好的选择，力求保持比其他企业快半步。这是娃哈哈始终践行的"小步快跑"产品策略。20 世纪 90 年代，日本市场中有一款明星乳类饮品"益力多"，国内东北市场也有一款卖得不错的乳饮品"小洋人"。当时，娃哈哈的明星产品是营养液，非常畅销。宗庆后认定这个市场有潜力可挖，因为尽管保健品市场现阶段非常火爆，但随着人们消费习惯和水平的转变，一定会关注健康乳品。于是，宗庆后就开始让团队启动研发娃哈哈果奶。

果奶是牛奶和果汁的混合，二者混合会产生沉淀问题。为此，娃哈哈开始进行工艺创新，实现了工艺技术的突破。娃哈哈果奶诞生后，引来不少跟随者。公司就开始寻求产品差异化，在其他竞争产品味道单一、六瓶果奶一连排的情况下，娃哈哈果奶在一连排六瓶果奶中做出六种不同口味，小小的创新使得娃哈哈成功领先了别人半步。为了扩大销售，娃哈哈开始营销创新，用户只要剪下报纸上的兑换券就能免费兑换一排果奶，成功启动了新市场。此后，娃哈哈又在果奶里增加含有钙元素的维生素 A 和维生素 D，推出 AD 钙奶，并且每年推出

[一] 克莱顿·克里斯坦森. 创新者的窘境［M］. 北京：中信出版社，2014.

不同包装、不同口味的产品，市场销路不断拓展。

阶段 2：引进式创新。

娃哈哈有了一定基础后，开始将眼光投向更广阔的天地。宗庆后在海外考察时发现，西方国家由于工业化进程开始得较早，伴随出现了一些环境污染问题，所以西方国家一直致力于开发污水净化技术，先进的反渗透水净化技术能够解决宇宙飞船里的饮用水问题，可以实现水从低到高的渗透。应用反渗透技术的纯净水产品，当时在中国是没有的，而且，中国人一般认为瓶子里装的水一定有味道，不会花钱买瓶装水。但是，宗庆后认准消费趋势会往更健康的方向发展，国人迟早会拥抱健康水。于是，他果断投资进入瓶装纯净水市场，迅速从德国引进最好的设备，娃哈哈纯净水就此诞生了。显然，娃哈哈成功推出纯净水是受到了国外产品的启发，投资购买先进设备，属于典型的引进式创新。

阶段 3：自主创新。

娃哈哈渐有实力以后，开始建立自己的研发队伍，加快引进博士、硕士等人才，组建国家级检验室，购买很多国际一流的检测设备。在这个阶段，娃哈哈已经有能力开展产品差异化创新，不断优化和丰富产品的营养元素，最后产生了娃哈哈的拳头产品：营养快线。营养快线销量异常火爆，高峰期年销售达到 200 亿元，产品附加值也高，利润可观，为娃哈哈后续的发展打下了很好的基础。

营养快线拥有多项创新，超净就是其中重要的一项，该创新也面临不小的挑战。"超净的意思就是比无菌级别稍微低一点,但比很多药品要求的量级都要高很多。宗总反复思考,最后联合国际最知名的灌装机设备生产商德国克朗斯,形成了一种全新的灌装模式。"娃哈哈运营副总经理潘家杰对这项工艺创新记忆犹新,"一个盖子,一个瓶子,一个内容物,当我们把它看作一个体系,就能形成一些新概念。"在这个阶段,娃哈哈在产品创新方面已经拥有两方面的重要能力:一是向产业上游创新的意识和能力;二是推动全球行业协同发展的积极性和能力。正是这种自主创新能力和资源整合能力,有力地支持了娃哈哈能够在较高水平上开展产品创新和工艺创新。

阶段 4:转型创新。

随着市场逐渐趋于成熟,产品供给端改革成为必选。食品饮料行业的关注点从"安全需求"转向"营养和保健需求"。面对这种市场转型趋势,娃哈哈推出了"爽歪歪"。该产品内含有益的肠道菌,畅销市场。娃哈哈还在开发比牛奶粉营养更好的羊奶粉,保证消费者减肥的同时可以增加营养。除了面向终端消费市场不断研发新产品,娃哈哈还围绕自己的食品饮料领域进行拓展和升级,致力于打造成为一家高水平的高新技术企业。在这个转型创新阶段,在争取继续做大做强主业的同时,娃哈哈投资兴建智能化车间、生物工程研究所,在智能制造及菌种发掘、培养、保存和加工等方面储备了不少力量。

在宗庆后看来,企业发展的永动机是产品创新,而产品创新管理是成功的关键。娃哈哈在市场竞争、研发、人才等方面进行了积极探索。一是差异化市场竞争。未来的市场竞争,企业的话语权取决于产品的差异化和科技含量,使得竞争对手无法模仿和跟随,同时可以增强企业的产品定价权。以娃哈哈纯净水为例,1996年娃哈哈引进世界一流的生产线,以先进技术避免了同行模仿,率先占据市场制高点,一瓶水的售价达到2.5~3元。二是强烈的自主创新导向。娃哈哈不盲目跟随,从跟随模仿到引进模仿,到引进式创新,再到自主创新,得益于公司对自主创新的不懈追求和投入。比如公司自主研发了啤儿茶爽,产品的口感和啤酒几乎一样,但是却不含酒精,在短短半年内每月销售3000万~4000万箱。三是高度重视创新人才。宗庆后本人喜欢创新,对研发和技术人员尤为重视,给他们提供最优的工作环境和最大的支持,包括定期与研发和技术人员交流。

工艺:从引进技术到自主创新

工艺创新与产品创新相辅相成,新产品构思转化为可规模化量产的合格产品,这需要完善的工艺技术来支撑,否则,产品创新只能停留在实验室阶段。娃哈哈持续不断地推出各类新产品,与其持续深耕工艺创新紧密相关。这也是优秀的制造企业必备的本领。

1996年开始,娃哈哈与美国IFF、瑞士芬美意、意大利SIPA等世界饮料制造、原料及设备供应巨头达成合作,引进先进技术。随着企业的发展,娃哈哈在自主创新与核心技术双方面发力,到2000年以后,娃哈哈在工艺方面的创新开始有众多突破。营养快线项目、乳娃娃包装设计项目、果奶贴标机、果奶瓶内壁加强筋应用技术等都是娃哈哈工艺创新的典范。其中，果奶瓶内壁加强筋应用技术，通过减轻瓶重降低成本，被写进果奶瓶工艺生产文件，成为娃哈哈标准。这一项工艺创新，每年为娃哈哈节省上千万的成本。娃哈哈在生产工艺方面还致力于杀菌工艺、包装工艺。2017年，娃哈哈建成投产的智能化菌种车间实现了从原料投入到成品包装的高度自动化生产，这是国内首次实现的工艺间自动转序，并将传统工艺升级为智能化柔性生产，说明娃哈哈已经在工艺创新方面成为行业的引领者。

娃哈哈的产品创新与工艺创新是无缝对接和并行进行的。在娃哈哈的产品创新体系中，研发部门制定标准，研究院做好配方，配方设计必须思考对应的工艺需求和设备要求。娃哈哈技术副总经理余强兵说："我们拿到产品配方，工艺上首先要弄清楚这个产品要做到什么程度，工艺顺序要达到什么结果，设备部门根据现有设备情况提供工艺需求，决定设备型号。"

在娃哈哈内部，实行工艺创新有两个环节：小试和中试。在小试环节，研究人员可以自由探索，但中试环节可能会出现很多问题，因为环境变得更加复杂。中试是娃哈哈工艺创新的重要环节，在产品投产之前要通过这个环节保障达到工艺要求。为此，研究人员对不同类型的产品工艺进行归纳分类，设计了预处理、混合、杀菌灌装单元式布局，进行不同方式的工艺试验，为新产品过渡到大规模生产提供精确的工艺参数。

设备：做自己的精密机械制造公司

工艺创新又与设备水平直接相关，设备水平直接影响到产品制造能力和产品附加值。娃哈哈高度重视设备研发和制造，现已形成了较强的专业能力。

中国工业化起步较晚，一些高水平的装备和设备还需要从国外采购。娃哈哈自己投入设备制造，其经济性主要在于：一是规模经济性明显。娃哈哈在全国的生产基地有数十个，每年所需模具等设备较多，自己研制设备本身具有一定的规模经济性。二是自主研制成本较低。相关成本相当于国外购置的 $1/5 \sim 1/3$，每年可以节约大量成本。三是交易成本明显降低。从国外厂家购置需要询价、谈判、交易等环节，而且供货及时性并不确保，自己研制就容易内部协调。四是促进工艺创新与产品创新深度协同，设备和工艺能力成为高效开展产品创新的重要推力。

娃哈哈开启设备自主性有一个背景，也是现实倒逼的结果。1995年，娃哈哈开始完整地自主安装调试设备。当年下半年，公司从国外引进纯净水系统，需要调试纯净水生产线的时候，正值星期六，国外的设备专家周末要休息，不愿配合。宗庆后意识到，主动权掌握在别人手中，以后总要受制于人。于是，娃哈哈开始加大设备方面的培训力度，业务骨干不断涌现。

宗庆后对设备方面的问题非常了解，只要看到问题就与员工当面沟通，一起解决问题。郭伟荣所在的工程部主要负责为各个工厂在设备故障时提供技术支持，并完成新项目生产线的布局、项目安装、自动化以及调试。他说："我们的工作就是确保各个生产线正常运行，积极响应每个地方的机械故障。"

模具是设备的核心。经过多年的探索，目前娃哈哈的大部分模具都可以多线使用。1998年，公司的模具采购量就达到了1200万美元。2008～2009年，娃哈哈采购了一二十条生产线，一条生产线的投入在1.5亿元左右。国外厂家的模具交付时间周期较长，需要5～6个月，每套的价格为200多万元。购置的设备定期需要大修，从国外进口备件需要500多万/线。这样公司每年用在模具和备件上的费用就需要2亿～3亿元。模具有生命周期，由于模具使用量大，而且价格不低，模具国产化刻不容缓，宗庆后下决心实现模具的自主创新，于是公司决定成立精密机械制造公司。

娃哈哈此前从来没有自己制造过模具，从零开始，困难重重。娃哈哈机电研究院副院长楼向明当时担任设备工程部部长一职，由他牵头组成了精密机械制造公司的第一任班底。筹建项目的第一项工作便是召开机械厂建设规划研讨会，研讨会得到了中国模具协会的大力支持，许多国内一流的专家都参与了该次研讨会。研讨会明确了生产纲要、工艺规划、设备规划、厂房规划、人员规划等主要思路，方案论证十分认真且激烈，最终的设备规划方案以无记名投票的方式予以确定。之后通过北京国际机床展览会、设备采购招标会采购各类设备。由于国内能做娃哈哈所需模具的厂家非常少，一般只能做维修件，可参考的工艺方法几乎没有，只能通过去欧洲国家考察学习，学习一些核心工艺，然后结合公司实际进行研制。

设备到位后，从浙大机械厂、申达塑机厂等招聘经验丰富的数控机床操作技师，从浙大、上海交大等名校招聘一些应届毕业生来操控机床。在老师傅的传帮带下，经过严格的考核制度上岗工作，这些大学毕业生经过数年的制造加工操作实践的锻炼，最后都成为机械制造领域的优秀工程师。

2000年，第一副吹塑模成型，成本是进口模具的1/5，且大大缩短了加工周期。至此，娃哈哈真正实现了从无到有的模具自制，生产线从完全依靠进口到选购部分主要设备再到自制，基本做到了生产能力的低成本扩张。

从2008年开始，娃哈哈还率先在浙江省开展机器人研发制造工作。目前，伺服电机、桁架机器人、串并联机器人等纷纷能够自主研发并为生产所用。精密机械制造公司的每一步发展都得到了宗庆后的全力支持，每次生产过程中出现短板，要申请加工设备，他都会批示同意，并给员工充分的学习成长的机会。㊀

营销：有奖征名＋电视广告＋登报

营销是企业与顾客的心理交流方式与过程。在市场化改革初期，很多企业还停留在供给者导向思维阶段，娃哈哈很早就具有强烈的消费者导向思维，注重对消费者心理、偏好、行为的理解和分析，针对性地采用营销策略。尤为关键的是，由于市场的多样性和复杂性，企业需要组合多种营销策略，促使各营销策略的功能互补和效应叠加，形成企业的复合营销能力，而单一营销策略的作用则会受限。

㊀ 娃哈哈30年见证系列.机电研究院副院长楼向明见证精密机械制造公司成立［N］.娃哈哈集团报.

20世纪90年代,美联社记者这样评价宗庆后:"今天,在社会主义的中国终于出现了琢磨消费者心理并懂得市场销售的企业家。"原因是早期宗庆后对娃哈哈的产品营销创新。

1988年6月16日,宗庆后开创性地用消费者参与的方式来为企业征集商标,做了一次有奖征名活动。他在《杭州日报》的头版刊登了一则大幅广告,上面写着:"一种高效能的儿童营养液已在杭州保灵儿童食品厂试制成功,现向社会各界征集产品名称及商标图案……"

在宗庆后亲自撰写的这篇广告文案中,不仅明确给出了产品承诺:有效改善儿童营养不良、不全面问题,还提示营养液中富含的微量元素是增强体质的必需要素。广告文案简明扼要、直击痛点、有理有据。

在20世纪80年代的中国市场,不太会有人愿意在报纸上购买大版面来做广告。首先,之前并没有先例证明其是有效的;其次,版面费用高达十几万元。这对家底并不丰厚、仅靠代销赚取利润的宗庆后来说无异于一次赌博。很多人向宗庆后提出质疑,劝他谨慎一些,不要将辛苦积攒的钱押在一则广告上。但宗庆后认为,最坏的结果不过是一无所获,自己手里还有些备选的产品名,即便这样也能收获人们的普遍关注,广告费绝不会白白浪费,而万一运气好些,说不定还能收获一个特别棒的点子。

不出宗庆后所料,广告一经刊出,效果轰动。几天时间里,他们就收到了几百封信件,里面有各式各样的名字。宗庆后专门组织了一个专家评审小组,对应征作品进行逐条筛选。

1988年正是中国保健品市场的第一次高峰期，市场中充斥着名为"××素""××宝""××精"的产品。受此影响，大多数应征者推荐的名字也与此类似，新意不大。工作人员一个个名字念下去，原本高涨的期待情绪逐步回落。正当大家几近失望时，工作人员报出了"娃哈哈"三个字。这个"幼稚"的名字一出口，所有专家和工作人员都忍不住笑了出来，坐在一旁一直没说话的宗庆后却突然眼睛一亮，站起来叫道："就是它了！"与会的评审们都感到有些惊讶，因为他们大多认为这个产品名称太过口语化了。

宗庆后认为，要做一个全新的产品，产品的牌子一定要一次性打响，所以，首先要考虑这个名字的新、奇、特。只要这个名字有冲击力，能吸引眼球，那就等于成功了一半。工作人员一报出"娃哈哈"这个名字就可以引得大家哄堂大笑，说明它有冲击力。"娃哈哈"这3个字出自一首著名的儿歌，几乎每个孩子都会唱这首歌，也完全符合产品面向儿童的市场定位，肯定会带来一种无形的亲和力。他强调："最重要的是，娃哈哈这个名字最能代表我们的产品定位：我们搞儿童营养液干什么？家长买儿童营养液又为了什么？不都是为了让孩子们能够开心地笑哈哈吗？"

在宗庆后的营销策略中，有奖征名活动是第一步，主要服务于产品上市前的预热阶段。经过几个月的预热，消费者已经对这款产品充满了期待。新品正式上市后，需要紧跟着推出第二步：电视广告。他们找到杭州电视台，几次谈判后对方开出21万元的价格。虽然当时宗庆后手里全部的流动资金很有限，但他还是义无反顾地借款砸了下去。电视广告热播当月,娃哈哈营养液销量即突破15万盒。不过宗庆后也明白:电视广告可以提升消费者对"娃哈哈儿童营养液"的熟悉度,却无法消除消费者对一个新产品天然的顾虑。

于是,娃哈哈营养液走出了营销的第三步:再次在《杭州日报》上说明产品特性,消除消费者的顾虑。这次的广告文案用数字说话,邀请朱寿民、沈治平、顾景范等专家撰文,在报纸的醒目位置用大幅版面介绍"娃哈哈儿童营养液"的功能特性、科学原理和原料配方及测试效果。三步营销组合拳打下来,杭州市场被彻底引爆。短短几个月时间,娃哈哈就实现了488万元的销售收入,创造利税210万元。效果得到验证后,宗庆后再接再厉,以类似的营销策略在其他地域铺开,拓深浙江,转战上海,全面拿下华东区域,开始全国布局。

市场:用军事战略占领市场

中国地域辽阔,地区之间存在一定的经济发展水平和文化差异,市场消费习惯和偏好也不尽相同,这就要求企业家采用差异化的视角来分析和理解全国市场。在不同时期、不同产品上,娃哈哈采用了不同的市场拓展策略,其成功的关键在于对目标消费者的深入洞察和对市场竞争格局的宏观把握,将资源优先配置到最能产生实效的重点目标市场,不断积累经验和市场影响力,从区域市场逐步拓展到全国市场。

宗庆后的产品营销方式,运用了毛泽东的军事理论。他本人非常崇拜毛泽东。

1990年，娃哈哈产品在华东打开市场后，宗庆后应用了平津战役的策略，借道天津，进军北京。宗庆后明白，在北京将是一场白热化的战争，先进入天津市场，能积累足够的经验，顺道再取北京。在天津，宗庆后的策略依然是"强势广告"，在报纸、广播、电视、车站站牌全方位、立体式传播，依靠过硬的产品质量，娃哈哈很快全面占领了天津市场，大街小巷充满了娃哈哈的声音。

然后，宗庆后到了北京，等待引爆点。突然有一天，中央电视台、北京电视台开始大规模播放娃哈哈的广告：喝了娃哈哈，吃饭就是香。《北京日报》《北京晚报》等主流媒体上也出现了娃哈哈的身影，短短一个星期，北京的大街小巷都是娃哈哈的广告语。

宗庆后成功"占领"长江以北市场之后，接下来面对的是最难啃的骨头——华南市场，那里有着娃哈哈营养液的强大对手——太阳神口服液。与娃哈哈类似，太阳神口服液已经在广东等地大范围进行媒体传播，1994年斥资150万元拍摄《睡狮惊醒》的电视广告，开创了精神需求式保健品的广告先河，广告词"当太阳升起的时候，我们的爱天长地久"响彻电视。宗庆后深知，沿用此前的强攻策略，娃哈哈很难一下子被消费者认可，于是转为潜入策略，先是召开专家座谈会，请权威机构对娃哈哈儿童营养液给予官方认定，接着媒体开始传播专家对娃哈哈的正面评论，人们在不知不觉中接受并认可了娃哈哈产品。

1996年，娃哈哈纯净水的市场争夺战采取了急先锋策略，最早选择在东北打响，第一站选的是辽宁。时任东三省销售主管的胡文雄成为此次战役的急先锋。在当时的东北，娃哈哈的儿童营养液和果奶都已家喻户晓，胡文雄找到当地的经销商，让他们试销纯净水，但经销商坐拥两款畅销产品，不愿冒险尝试新产品。当时市场流行喝5毛钱一瓶的橘子水，大家认为花3块钱买没有味道的白开水很不划算，而且自己带个水杯或瓶子就可以灌水喝。面对困境，胡文雄尝试寻找新的经销商——沈阳工业品采购供应站。一个做化妆品的人听了胡文雄的介绍后表示愿意试试，于是两车皮的纯净水就发往了沈阳。胡文雄带领沈阳的销售人员帮助经销商直铺终端。9月初，开始呈现出销售苗头。此时，娃哈哈在纯净水的营销上开启了明星代言产品的先河，一曲《我的眼里只有你》响彻大江南北。娃哈哈红飘带的外包装，新设计的塑料瓶盖，也帮助娃哈哈纯净水逐渐从市场中脱颖而出。从东北辐射全国，娃哈哈掀起了一场中国的饮水革命。

在挑战"两乐"推出非常可乐时，宗庆后运用了"农村包围城市"的策略，实施差异化竞争，先在农村地区积累实力，等到"军力强大时"再向大城市渗透。非常可乐主要占据国内二三线市场，可口可乐与百事可乐主要占据以大城市为主的一线市场。[一]宗庆后说，"当年做非常可乐，也正是看到城市市场已经被可口可乐和百事可乐占领，于是从农村突围，成效很好。"

[一] 王立仁.宗庆后如是说［M］.北京：中国经济出版社，2010：134.

品牌：营养快线的名字是怎么来的

品牌管理是企业从产品思维迈向价值思维的必然选择，有效的品牌管理依赖于产品的特定属性和企业对目标市场群体需求的精准把握。品牌创造既需要企业对市场进行理性分析，也需要企业懂得对消费者开展感性诉求，其根本在于企业真正理解消费者的价值需求，并以有创意的方式展现出来，而创意往往来自于对生活细致入微的体验。

娃哈哈一向注重关注和倾听市场，成功的品牌管理也就有了茂盛的根基，营养快线的诞生体现了宗庆后是一位品牌大师。2004 年，娃哈哈产品团队研发了一款牛奶加果汁的乳饮品。这款乳饮品内含人体所需的 A、D、E、B3、B6、B12、钾、钙、钠、镁等 15 种营养素。产品的特性很清楚，就是既好喝又能"快速补充营养"。品牌名称很重要，一开始，达能团队提出叫"劲美"，定价 3.5 元一瓶。几个部门一起开会后，大家都觉得"劲美"这个名字不够好，辨识度不高，销售公司对 3.5 元的定价也颇有微词。由于意见迟迟无法达成统一，命名的重任重新转回市场部。

当时市场部的杨秀玲正和团队一起赴日本考察产品包装技术。诞生于 20 世纪下半叶的日本新干线是世界高速铁路的先驱，和法国 TGV、德国 ICE 一起并列为"世界高铁三巨头"。第一次乘坐新干线的娃哈哈同事们都兴奋不已。杨秀玲虽然被新奇的体验所冲击，但心里还一直记挂着要为果汁牛奶取名的事。她一边看着窗外景物在列车的飞驰中快速向后退去，越来越快，一边在心里默默叨念着"快速补充营养"的产品特征。突然，两个"快速"碰撞到了一起，就像一个火花"啪"地一下在脑海中爆破。她意识到：为什么不能将新干线的"快"和补充营养的"快"结合起来呢？就叫营养快线！简单清楚，让营养像新干线一样一下子奔跑到身体内实现快速补给。接下来的事情就顺理成章了，广告语也很快有了——15种营养素，一步到位，营养快线。

有了产品名，市场团队再根据产品特性继续追问：哪些人需要快速补充营养？这个群体的范围不能太窄，购买频次不能太低，否则产品市场空间就会受限。经过认真推导，目标群体锁定为那些早晨来不及吃早餐的人。营养快线的案例属于典型的下行式营销创新，先有产品，再去挖掘这种产品的营销传播点，进而寻找锁定目标用户群体，配合营销手段让潜在目标客户知晓产品及其功能。

与下行式营销创新相反，运动型饮品"激活"则是典型的上行式营销创新案例。"激活"这款饮品一开始目标群体就很明确，是针对运动群体开发的，欠缺的其实就是一个好名字。无独有偶，杨秀玲这次的创意灵光再一次与车有关。当时某合作伙伴开了一辆新车来娃哈哈。杨秀玲刚走下办公楼就发现一辆全新的宝马X5。那时候X5还很少，杨秀玲也挺好奇。朋友热情地招呼杨秀玲试驾新车，她就毫不客气地坐了进去。接下来决定性的一幕出现了：她一按钥匙，车内屏幕上立即"啪"地蹦出来两个闪光的字——激活。一瞬间她仿佛也被激活了：对了，就是这个。随后，娃哈哈推出了以"激发潜能，激活自我！娃哈哈激活运动饮料"为广告语的新产品。

娃哈哈纯净水也是业内成功的经典品牌。娃哈哈并不是国内第一家做瓶装水的企业，娃哈哈纯净水需要综合考虑自己的营销切入点，但当时并不清晰，一直在苦苦寻找之中。娃哈哈的一个合作伙伴与杨秀玲聊天时无意提到他的邻居——歌手景岗山正准备推出新专辑，专辑的名字叫《我的眼里只有你》。杨秀玲顿时感觉这个名称的抽象感和纯净水的定位特别契合，于是立即提出想要听听歌曲小样。听完小样后，市场团队很快达成共识：这首歌中对对方娓娓倾诉的情话有一种特别的"专属感"，娃哈哈纯净水要的就是这种感觉。于是，娃哈哈迅速与景岗山达成共识，签约拍了第一支纯净水的电视广告片。这支广告片用轰动的效果回报了娃哈哈的选择。歌词就像一个特定的符号，携带着娃哈哈纯净水的概念钻进了无数人的心里。娃哈哈与景岗山连续合作了2期，持续了4年左右，期间在100多个城市开展歌迷会、签售会活动，借势推广娃哈哈纯净水产品。

模组：协作创新下的复合能力

在各个单元领域，娃哈哈用渐进式创新来构筑企业的领先地位。更为重要的是，单元创新并不一定带来规模性效果，而且，在现实中有很多创新不是单点创新，更多是需要多点结合的复合创新，也就是模组创新。模组创新是将各个单元创新进行有机组合，实现单元创新之间的协同发展，增强企业复合能力。有效的模组创新要求企业具备良好的合作导向文化、高效的资源调动能力和合理的绩效激励机制等。

在娃哈哈创新发展过程中，宗庆后依循复合创新的思路构建内部创新体系。他不断挖掘不同单元间的内在联系，将它们相互拼合，力求"1+1>2"的效果，形成企业的复合性创新能力。这种对单元间"联系方式"的不断探索与我国古建筑中的"榫卯"结构相似：两个原本互不相连的坚硬构件，采用凹凸相合的方式灵活地连在一起，甚至不需要一颗钉子。其中机关尽在榫（凸出部分）和卯（凹进部分）的形态和衔接上，它基于建筑设计师对单元结构和整体目标的深刻理解。

以娃哈哈纯净水的外形设计创新为例，一只小小的饮料瓶，上面一个瓶盖，瓶身有点曲线弧度，外面再套上一层彩色的塑料薄膜，设计一个瓶子看似非常容易，其实不然。这项创新需要复合多项单元创新，需要解决好一系列问题，比如，瓶口要多大？瓶盖与瓶口的结合处要有几个齿轮？瓶身多高？瓶体容量多大？瓶子什么形状？包装膜覆盖在什么位置？上面要印些什么东西？瓶体用什么材质？瓶体材料和瓶内饮料之间会发生反应吗？如果不会，日光晒久了会吗？太冷或太热时会变形吗？摔下去会怎样？喝完扔掉后材料会污染环境吗？更进一步，饮料瓶所用的材料和包装成本多少？比竞争对手有成本优势吗？用户会喜欢这样的瓶子吗？我们将看到宗庆后如何拼接内部的"榫"和"卯"，构建由单元到模组的复合能力。

建厂：并联式作业法

从选址、投资到规划、建厂、生产线、投产，所有环节要求在 8 个月内全部完成。1996 年，娃哈哈已经发展到了年销售额 10 亿元，是名副其实的食品饮料龙头企业。市场需要及产地销模式等因素继续促使娃哈哈快速扩张，每年需要建多家工厂。2007～2009 年三年间，娃哈哈每年建几十个工厂、几十条生产线。大批量的工厂需要在短时间内迅速建成，极大地考验着娃哈哈的效率和创新能力，而娃哈哈创造出了建厂投产的奇迹——8 个月内一个基地完全量产。原因主要在于以下三方面。

一是决策快。顾小洪跟随宗庆后 20 多年，对宗庆后的快速决策能力颇为赞许："娃哈哈建基地之前先要选址投资，他做投资决策很快，在工程领域同样决策力强、决策速度快，做项目都是倒排，大致方向明确后就有一个时间进度表，你必须朝着这个方向去安排进度。"

二是标准化。标准化是娃哈哈能够 8 个月建成一个基地的秘诀之一。正因如此，娃哈哈在全国迅速建厂时能够实现草履虫式的复制，效率大大提升。原工程部副部长、现投资部部长邵金荣回忆建厂的场景时说："流程是标准固定的，流程上的每一个节点要做什么也是明确的，各地建厂就是在做同一件事情，要解决的问题是在复制一个工厂的过程中怎么做才会少走一些弯路。很多事情都有一个非常成熟的流程基础，在此之上再固定每一个节点上的衔接，这样就很紧凑，会促成复制的更高效率。"

三是并联式作业。如果每个环节单独作业，累加在一起，几乎不可能在 8 个月内完成所有事情。娃哈哈运用了一条最关键的创新办法——并联作业，就是并联操作，一边在建设工厂，一边在安装设备；一边在设备调试，一边在内部装修。各个环节并不是先后进行，而是同时进行，等到每个环节都处理好，工厂就可以直接投产了。并联作业原理并不复杂，各流程环节并行操作，但实际操作并不容易，需要公司有明确细化的标准化规范和制度，要求企业具有很强的流程管控体系和内部协作能力，恰巧，后两者是娃哈哈最擅长的管理创新之一。因此，并联作业法在娃哈哈基地扩张过程中起了重要作用，也是效率提升的重要支撑。

协作：一次研发体系的革新工作

从单元创新迈向模组创新，需要企业具备鲜明有效的协作文化和机制。娃哈哈的研发体系内涵丰富，强调创新与市场的紧密结合。早期，企业在研发中心纳入了研发、市场、工艺等各环节人员，打造了研发体系内部的协作机制。在研发中心，不仅有研发人员，也有督察、营销等人员。这些人员要亲自调研市场，接触消费者，为了让实验室的产品更贴近市场需求。曾任公司科委副主任的赵允对娃哈哈的研发体系的特点很有体会："我加入研发中心时，按照公司要求，第一个月我要去做市场督察，那一站的经历给我留下了很深的印象，对后面进行研发工作很有帮助。"

2017年，娃哈哈推出的跨部门组建的研发体系革新推进小组，从全公司层面来构建创新协作机制，将创新协作思想覆盖和渗透到各个方面，形成了全面创新和全员创新的新格局，更加体现了研发体系的内部协作创新，并深化了公司各部门的协作创新。任该小组常务副组长的李文强说："小组的主要使命就是以市场需求为导向，从公司层面跨部门协调，优化新产品开发相关工作，推进新产品研发项目制的落地。"研发体系革新推进小组的成立，打破了研究院内部的结构壁垒，依据新产品规划方向在各部门自由组合研发小组，实现资源流动，提高创新效果。

小组成员虽分散在各个基地，但都通过各种方式紧密沟通，以强烈的使命感和责任感把各项工作落实到位。小组成员需要围绕产品创新做很多事情，如市场信息沟通、产品市场生命周期研究，通过各种数据分析产品、提升产品形象进而提升品牌形象等。近期，他们计划调研在产品形象设计和新品营销方面存在的工作困难和问题，推动建立固定的、跨部门的新品评审委员会，提高评审实质效果。㊀食品科学研究院配置乳饮料组组长曲冬梅表示："我们希望从产品创意等方面开始，借用整个公司的资源，而不仅仅在研究院内部，大家能一起探讨、解决问题，从而调动更多的资源开发产品，在研发过程中形成合力。"30多年的发展历程中，娃哈哈人已经形成了

㊀ 完善新品规划　建立交流机制　健全质量控制体系：研发体系革新推进小组成立［N］.娃哈哈集团报.

部门高度协作的传统，不只是在研发创新领域，其他领域也都类似。用娃哈哈技术副总余强兵的话来说，"大家就像一列火车"。

流程：前道服务后道，后道监督前道

娃哈哈的研发体系创新是为了增强横向协同，流程协同更多的是强调业务上下游之间的协同，这样就构筑起公司纵横交错的全面协同创新体系。对于多数复杂产品的制造企业而言，上下游协同是形成创新能力的重要基础，否则特定业务环节的短板会极大地制约公司创新能力的形成与增强。

娃哈哈的"前道服务后道，后道监督前道"就是上下游协同创新的成功实践。娃哈哈内部把它叫作"做好本岗位，监督上岗位，服务下岗位"。娃哈哈强调研发、采购、生产、销售等每个环节都协同创新、无缝衔接。前道服务后道，就是前道为后道工作扫清障碍，方便后道运营；后道监督前道，就是质量把控与监管。

娃哈哈从产品概念开始就考虑质量因素，设计人员需要考虑未来质量的实现状况。研发部门、标签设计部门、外观设计部门、瓶子设计部门是生产部门的前道，要为后道制造出优质产品提前服务。比如，在产品研发阶段主动考虑生产和市场环节对质量的需要，每一次研发都会反复试验很多次，保证能够稳定生产不出生产事故，还要满足消费者的需要。娃哈哈的饮料基于高标准研发制造，每个工作人员都编有代码，哪个人出了问题就要追溯，这就是娃哈哈食品安全追溯体系。

娃哈哈的质量管理不是一个"微观质量"概念，而是一个"宏观质量"概念，全体娃哈哈人关注产品能否满足客户最终的需求，称之为"质量理念"。娃哈哈的质量管控是一个严密庞大的体系，最核心的一条是宗庆后构建的全员全过程的全面质量管理体系。全员不仅仅是质量检测人员，还是所有参与者。娃哈哈质量监控部部长赵允介绍说："所有人员，包括工人，产品没有上线，我们就会开始给他们上课，讲我们产品的困难点是什么，去给检测人员培训操作技能、设备注意事项、安全方面和其他方面。"

销售："三队一会"

为了大规模获取市场，保证渠道通畅，提升市场运作效率，娃哈哈创造了独具特色的"三队一会"制度。"一会"是娃哈哈每年12月份左右召开的经销商大会。为了直接"听见一线的声音"，提高企业对市场的反应速度，宗庆后是会议主角，通常他会先回顾上一年的销售情况，然后制定出下一年的销售规划，同时组织全国经销商的分省座谈会，与各省份的经销商近距离交流沟通。如果把娃哈哈比作一个生命力旺盛的物种，经销商就是构成娃哈哈神经系统的反馈末梢，他们每天面对一线用户，对用户买什么、不买什么、如何选择和购买等信息很熟悉。经销商大会就是为了快速了解全国各市场的信息，也是娃哈哈推荐新品的绝佳时机。会上宗庆后会发布新年度的新产品，亲自提出新产品的推广方案，听取和吸收各经销商对新产品的反馈意见，及时做出市场决策。

市场渠道拓展与管理一直是快消品企业的核心难题,渠道质量直接影响企业发展水平。娃哈哈独创的销售队伍、拓展队伍和监察队伍"三队"模式,既有助于企业洞察市场一线,又可以通过赋能各级经销商实现市场拓展,还有助于促进市场网络和市场经营队伍的健康发展,最终形成复合的市场能力。

"三队"分别是销售队伍、拓展队伍和监察队伍。销售队伍的主要任务是对接和服务经销商,收集和反馈经销商信息;拓展队伍帮助客户促销、推广新产品,因为新产品的销售难度通常会更大,拓展队伍对于经销商的辅助作用非常大;监察队伍是在每个省安排1~2人,常年拜访各地经销商,巡回监察市场及其价格体系信息,把握终端市场占有率,同时负责监督前两支队伍的执行情况。由"三队"构建的"千户万店系统",相互之间可以对全国五大片区进行市场监管、资源对接以及信息反馈。由于"三队"强有力的工作,娃哈哈可以保持快速的市场反应能力,几乎用不上第三方调研公司,第一手信息全部由娃哈哈人自己反馈。

"三队"在执行上也不是一帆风顺的,在实践中,娃哈哈对体系的把控和思想的统一非常重视。以拓展队伍为例,娃哈哈的拓展人员帮助经销商搭建营销网络,保证了娃哈哈总部的决定能快速得到全国经销商的响应。比如,娃哈哈在调整营销体系时,一开始引起了许多经销商的不满,许多经销商觉得原来的体系挺好,分大区反而不适应。遍布全国的娃哈哈经销商助理在各地就近做思想工作,保证短时间内体系调整顺利完成。

在娃哈哈，只要新产品一出来，就能通过自己的营销网络快速在全国铺点，规模迅速扩大。同时，由于网络体系的稳固，在面对市场危机时，娃哈哈能快速反应，降低风险。

反馈：消费者驱动产品创新

反馈对商业重要，是因为面对复杂因素相互影响的循环模式，产品创新的源头者很容易陷入"不确定感"和"失控感"，让一线的消费者的需求导入产品创新中，就是反馈的核心。大多数互联网产品非常重视用户反馈，实际上，凡是领先的企业在产品创新时都不会忽视消费者的声音，但真正做好并不容易，企业需要有一个整体的反馈响应机制。

娃哈哈纯净水的瓶盖改进是一个很好的例子。一天，时任娃哈哈工程部副部长的邵金荣接到南航空姐辗转传递过来的用户投诉。当时娃哈哈纯净水已经上市，销量颇佳。空姐投诉，娃哈哈纯净水的瓶盖在空中很难拧开。这项小小的意见引起了邵金荣的注意，他觉察到：高空中外部气压减小、内部压力增大造成瓶盖扭矩力增大，女士手劲比较小，可能更难打开瓶盖。

国家对饮料瓶的生产制定了一系列标准要求，其中仅瓶盖的验收标准就有50多页。但娃哈哈认为：如果仅按照国家标准来生产，全世界都是你的竞争对手。在娃哈哈，符合国家标准只是最低标准，企业需要有更高的标准才能真正立足市场。为了让消费者饮用方便，娃哈哈在生产时会测试很多东西，比如瓶盖上齿的设计。如果你仔细观察瓶盖就会发现，盖子边缘有很多小齿，这些齿的粗细和数量共同决定了用户开瓶所需的力量大小。饮料业界的扭矩一般有 20 半英寸、15 半英寸，但娃哈哈并不会简单跟随所谓的"业界标准"。在决定扭矩时，娃哈哈会做很多细节研究。为了满足手劲比较小的女士，扭矩就要设计得小，但瓶子的密闭安全性则会降低，饮料可能会出现渗漏。

接到南航空姐的投诉后，邵金荣立即对瓶盖设计进行了反复的研究试验。这和娃哈哈一直以来秉持的工作理念有关，他很清楚，在宗庆后眼中，"消费者反馈没有大小，哪怕一个人投诉也要解决这个事情"。为了找到一个能兼容各种极限环境、普通环境、适应所有消费者的平衡点，技术团队经过研究，做出一个非常细化的立体标准，然后投入一系列实验。这套实验的场景设计不仅包含高空状态，还包括长途运输、不同气候条件下的道路实验等。为了把环境模拟得更具体，团队在杭州装了 100 箱产品运到新疆，中途让车经受各种颠簸，到新疆后再打开包装箱查看产品有没有渗漏。

不仅仅是瓶盖松紧度，瓶口大小也由用户体验决定。2001 年左右，娃哈哈开始做营养快线。营养快线属于乳饮料，它的瓶口大小源于一个对用户体验的洞察。同样的倾倒角度，瓶口小的流速会更快更猛，而如果把瓶口做大，饮品的流速就会变缓。机电研究院副院长、原企业管理部部长江金彪介绍说："其实瓶口大小用户喝的时候是会有感觉的。只是我们一般都用纯净水瓶口喝水，也没有想太多，但实际上体验感是不一样的。"娃哈哈最后将瓶口定为 38 毫米,特别大,非常符合消费者喝乳饮料的习惯,所谓"喝水大口喝,喝奶小口喝"。但到生产工艺层面,瓶口大也是一项很有挑战性的技术。可口可乐当时也推出了一款奶昔,最开始跟娃哈哈一样选用了超大瓶口,不久后就放弃了,改成了 32 毫米。38 毫米对品控要求非常高,风险很大,32 毫米的难度则会低很多。

实际上,对于企业的创新发展,"挑剔"的顾客会起到促进作用,而不是老顾客和大顾客。宗庆后和娃哈哈始终重视顾客的各种反馈,站在顾客需求的角度开展产品和工艺创新,使得新产品更符合市场需求。在趋于成熟的市场,提升客户体验成为企业创新的重要内容。

成本:全员"开源节流"

企业发展本身就是成本和收益管理,成功的企业家大多是精算师。宗庆后深知成本对于制造企业的重要性。娃哈哈在成本管理方面的创新案例数不胜数,大到集团所有成员的"开源节流"行动,小到企业经营细节的成本控制。

制造企业的正常运转离不开能源与原材料。但恰恰因为有些供应来源太过"日常",企业员工常常会忽视它们的存在,自然不会进一步观察、思考如何优化改善。宗庆后善察点滴的行动影响着每一个娃哈哈人,促使他们在日常生产中持续改进。不过很多娃哈哈人在做的时候根本没觉得自己是在搞"成本创新",因为已经成为一种自觉。娃哈哈人从看似枯燥无味的细节入手,日积跬步,持续探索降低企业成本的新方法。

比如，广州公司所在地 2012 年以前还未开通天然气，时任分公司总经理郑虹积极协调各方面资源寻求解决问题。分公司一开始自产蒸汽来保证生产，后来引进生物质锅炉降低蒸汽单价，通过技术改造降低蒸汽消耗。原先分公司自产蒸汽每吨费用为 550 多元，使用生物质锅炉后每吨的费用降低到了 300 元，仅一年就节约蒸汽费用 1000 多万元。

从蒸汽降耗初尝甜头后，团队并未止步。他们在使用过程中发现，由于将生物材料用于锅炉燃烧属于新技术，运行过程中存在停机清灰、锅炉效率下降带来蒸汽含水量较高等问题。通过测算，树脂锅炉蒸汽使用占比只有 5% 左右，而锅炉每天停机清洗需要 1 个小时的时间。通过与供应方共同研究，团队对燃料的燃烧方式进行了改造。改造完成后锅炉停机时间得到大幅度缩减。

生物质成型燃料锅炉在广州公司成功使用后，团队继续研究如何降低蒸汽消耗。首先安排专人进行能源管理，对蒸汽流量计的使用进行跟踪，再安排专人对统计数据进行分析，发现 UHT 和配料间是蒸汽消耗最集中的两个地方，随即对这两处进行了针对性改造，有效降低了生产总成本。

企业成本构成是多方面的，成本管理创新就需要从多方面入手，而且，不能过于强调单一环节的成本最低化控制，否则会引起其他相关环节的成本提高，最终导致总成本难以有效管理。娃哈哈在成本管理创新方面并没有重点强调人力成本，而是激发和提高人员的成本管理意识，从平时不受关注的细微之处寻求成本管理突破，并不断积累经验和复制，形成强大的成本管理文化。

2016年12月,娃哈哈集团进行了一场轰轰烈烈的"开源节流"行动,像质量管理一样,成本不是某一个环节的事情,而是全员的事情。这场行动在必须保证产品质量的前提下开展,以增收节支、提高效益为目标,实行项目制管理方式,设定了七大开源目标,即饮料销售、桶装水销售、饮料出口、进口食品销售、设备销售、海外投资和保健品固体饮料,主要从八个手段来节流,包括水电气能源和工艺、资产管理、备件管理、机物料管理、薪酬管理、材料价格、运费管理、废料管理,还设置了十个具体的考核指标。

"开源节流"行动对于娃哈哈的成本管理创新而言非常及时,领导小组副组长潘家杰说:"虽然娃哈哈在行业中仍然是好的,但是和过去相比,三年来消耗逐年上升。这其中隐含了我们管理中存在的问题。"此次行动以项目制的形式开展,有自上而下的公司指派任务,也有自下而上的员工自主上报任务。信息部开发系统,所有分公司上报的项目都会经专业部门审核鉴定同意后才会实施。

系统:全价值链创新

企业是一个系统,系统的复杂性体现在其背后的力量既关乎系统内部的每个单元,又关乎单元之间相互联系、互动的方式。如果我们将单元能力看作专业能力,将各单元间相互配合、协作的程度视为组合能力,那么,企业系统则是一种整体能力或全局能力。当我们以整体视角来观察一家企业时,内部单元或模组的力量似乎变得微弱起来。比局部更重要的,是整体性系统能力。沃伦·巴菲特曾提到左右企业发展的两个核心要素:某项目的规模潜力和可持续性。在食品饮料行业,娃哈哈所构建的企业系统也符合这两个重要特质。规模潜力需要一个运转良好的规模化能力系统,可持续性则要求企业不断推出口碑型产品。

在规模经营能力系统建设方面,娃哈哈具有丰富的成功经验。宗庆后的做法是:构建牢靠的基础单元;创新地推出"联销体"模式,打通下游,构建出高效的渠道销售网络;西进北上建厂,全国性扩张布局,确保产能提升与成本优势,进一步夯实能力系统。在规模化扩张阶段,娃哈哈产品研发和市场渠道建设能力较强,但设备能力是一个主要制约点。江金彪在回顾时指出:"最开始娃哈哈没有自己的设备能力,受制于国外大型设备供应商。发现问题后,才开始思考如何逐步建立自己的能力体系,然后在未来发展过程中努力去补自己的短板。"娃哈哈高度强调效率,外部企业很难达到协同要求,所以,娃哈哈建起了自己的精密机械厂,把核心工具、部件的机械制造能力掌握在自己手里,除一些纸箱包装、白糖、奶粉等原料需要上游供应外,其他都能完全自主完成。

当然,宗庆后也清楚认识到一体化模式存在弊端:首先,外部很多创新思维可能无法有效吸收;其次,内部整合时也存在挑战,流程上下游容易相互妥协,导致总体产出不佳。针对这些弊端,娃哈哈的解决方案主要集中在两方面:一是让内部机构走向市场。比如，精密机械加工公司以前只服务于内部，现在也在转变，会规定每年接多少业务，让外部市场去倒逼内部管理变革。二是从流程上约束，提出"后道监督前道"的制度。按照业务前后关系，形成相互监督的机制，一旦后道出问题就向前道追溯，以后道倒逼前道的方式实现全链条的有效监督。这些措施配合内部的奖惩制度，使娃哈哈的"一体化规模经营模式"得以高效运转。

在可持续发展能力建设方面，娃哈哈强调不断开发满足市场需求的新产品。消费者对饮料的需求一直在改变，娃哈哈需要快速应对变化的需求。娃哈哈通过提高研发、生产不同品类的配方和工艺能力来增强企业快速应对市场的能力。不同品类的饮品要解决的配方工艺的重点问题不同。如，果奶类饮品要重点解决果汁和牛奶混合后的沉淀问题；碳酸饮料要重点解决香料口味和气密性问题；茶饮料要解决融合性问题；乳酸菌类饮料要解决菌种及发酵问题。娃哈哈注重对不同品类产品的研发、生产，通过漫长的时间积淀，可以说已经集齐了几乎全部饮料品类的配方和工艺能力，这就是娃哈哈能够快速应对市场变化的王牌。

渠道链：三角债逼出"联销体"

联销体模式是娃哈哈的重要创新，在今天依然保有生命力。其核心在于重新塑造了产业价值链上下游的关系，实现了从原来的单纯业务关系演变为发展共同体和命运共同体，上下游合力得到激活和强化，促进企业有能力对终端市场保持充足的敏锐性，为创新提供源源不断的需求信息。

宗庆后1994年推出联销体模式，这种模式开创了历史先河，享誉业界。从联销体可以看出宗庆后在上下游渠道链的机制创新方面的智慧和魄力。1994年之前，像其他同业企业一样，娃哈哈与经销商的合作模式是"赊销"，经销商先拿货，销售一段时间后再付款，付款时间不固定，全凭自觉以及娃哈哈销售人员催款。那个时期，娃哈哈推出的几款产品都非常成功，从营养液到果奶，销售势头很好，但依然无法解决经销商的回款问题，下游占据资金严重，企业需要快速发展，但资金流动不畅通。用余强兵的话说就是"我把货卖给你，你又把货卖给他，他再把货卖给下面的经销商，结果他的钱没有收回来，你的钱也没办法付给我，我的钱没有办法付给工厂，这就形成了三角债。"宗庆后意识到，这样墨守成规是绝对不行的，他对时任娃哈哈销售公司总经理的丁培玲说："我们这样下去不行，必须做出一个东西，做到'款到发货'。"丁培玲一听，非常震惊，觉得根本行不通，当下就表示反对。她担心，如果钱要不回来，还要不要发货？不发货就没有生意、没有市场了。

宗庆后非常坚决，"你不做我的货，我也得这么干"。他心里很坚定，第一，娃哈哈的产品好卖，大家都有钱赚；第二，保证金有利息，比存银行划算；第三，生意要长久，就需要有信用，不能只顾自己不顾公司。但是，当宗庆后提出这个想法时，经销商全部反对。有人以没有资金为由拒绝，宗庆后告诉他，"你可以去银行贷款"，当时娃哈哈给的利息比银行的利息要高，经销商还可以从娃哈哈给付利息中赚钱。顶着压力，宗庆后强势推行联销体，具体做法是，经销商拿货提前打款作为保证金，保证金由娃哈哈支付利息，每月进货前经销商必须结清货款，娃哈哈才发货，销售结束后返还保证金，并给予返利。

到了1995年下半年，联销体整个体系已经比较顺畅，很多经销商不断扩大销售规模，娃哈哈市场队伍也进一步得到增强，帮助经销商开拓市场。宗庆后推出的联销体，改变了整个行业的生态链，将上下游关系由传统的线性合作关系发展为紧密的利益共同体。通过这场改革，娃哈哈最大限度地减少了资金风险，原本处于下游的经销商变成上游的参与者，主动关注企业产品和发展，将整个产业链变成了生态链。

联销体还在不断调整、发展、升华。经过20多年的不断演化，目前，娃哈哈的联销体已发展成为一个泛联销体的概念，正朝专业化、分工更加明确、对终端掌控力更强、渠道多样性等方向变革和发展。

产地销：生产与市场无缝对接

很多企业要面对市场地域分散、需求异质且多变的挑战，尤其是消费者需求个性化和多样化要求企业小批量多批次生产。娃哈哈从系统视角对待每一个区域市场，将特定区域市场视作一个相对完整的运作系统，在系统内实现生产与市场的有机结合。娃哈哈的成功经验存在几个重要前提：一是区域市场存在较好的规模经济性；二是标准化的流程管理和协同导向的企业文化；三是区域市场之间锦标赛式的竞争与激励；四是企业高层的快速决策能力。

企业规模快速扩大对科学决策和管理提出了更高的要求。娃哈哈在内部应用 ERP 系统，无论是货物的品种还是数量，通过系统分析，把货量要求发给距离最近的公司，让这个公司完成生产和市场配置，这就是娃哈哈的"产地销"模式。吴建林介绍说："我们的系统经过细致、全面梳理，每天要发货几次，品种多少，系统会发出指令，就近做出一个供应计划，生产多少，安全库存是多少，供应多少，销售多少。"

产地销模式的核心意思是：生产基地职责就是生产，销售公司负责销售；客户有订单时，订单指令会通过公司的整个系统下达到各个生产线的分公司；供应部负责为这些订单进行采购，从机器设备到包装材料；生产线分公司根据订单来落实生产任务，并负责发货。

截至 2018 年，娃哈哈在全国有近 80 个生产基地，180 多个分公司，五大片区，销售公司有专门负责销售调度和生产调度的岗位。如华东片区，生产调度会有专人每天与片区下面的分公司以文件、系统、电话等方式进行沟通，及时处理好销和产之间的匹配问题。虽然娃哈哈较早实现了信息化运营，但产地销模式还需要人来辅助，毕竟产品品类众多，系统能够实现一段时间的排产，但不能帮助产品生产根据市场需要排序。比如，下沙基地有 100 多种规格的产品，每条生产线要生产 30 多个规格的产品。确定生产排序就需要专门的工作人员负责与市场部门沟通，根据市场最先需要哪个产品来优先安排生产，而且这种排产是根据市场变化情况灵活处理，最终让生产能够最快速地响应市场需求。

产地销模式有三大好处：一是由于分公司临近目标市场，可以降低运输成本；二是提升企业响应市场能力；三是分公司能够很好地跟进当地市场。产地销对应的几个区域都是固定的，能够促使分公司深入了解市场。以前分公司只考虑生产环节，产地销模式打通了生产和市场环节，可以更好地以市场需求来组织生产，生产出适销对路的产品，提升了企业效益。

生态网：开放协同大于竞争

随着市场需求日趋多样性和动态性，仅仅依靠企业自身力量的创新难以有效满足市场需求，而需要主动打造和深入嵌入开放式的创新生态系统，在合作中塑造企业新的竞争力。可持续的开放合作需要必要的基础条件：一是尊重知识产权；二是共享创新机制；三是资源能力互补。

宗庆后尊重知识，尊重创新，深知创新对企业发展的重要性。娃哈哈内部存在着一个纵横交错的协同创新体系，同时它也是一家高度重视开放创新的优秀企业。尊重创新是开放式创新生态系统建设的重要前提，否则彼此无法深入共享知识和实现合作创新。

娃哈哈与杜邦公司合作了22年，从非常可乐到乳酸菌，杜邦为娃哈哈提供营养健康方面的原料供应，参与了娃哈哈很多明星产品的研发。成功合作多年，杜邦营养与健康大中华区总经理刘卫斌尤为敬佩宗庆后对知识的尊重："杜邦与娃哈哈在一个价值链上，娃哈哈提供好的产品给消费者，我们提供解决方案，宗总尊重我们的创新，把价值跟我们分享，这样才可以持续创新。"尊重知识和创新不是新理念，但对于广大尚处于起步阶段的中国企业而言，并非都能够完美实践。正是由于尊重知识和乐于分享，娃哈哈与杜邦实现了多层次合作，从原材料供应到市场需求研判等。比如，中国人口老龄化的速度越来越快，杜邦团队在研究老人容易吞咽和消化的食品，在这些趋势性问题上经常和娃哈哈相关部门进行探讨。

为了打造高水平的开放式创新生态系统，娃哈哈与以色列、美国等国际知名高校和研发机构洽谈，建立联合创新实验室，建立合作公司，把先进技术引进中国。宗庆后坚信，只有开放才能为企业注入源源不断的生命力。2016年10月18日，娃哈哈集团主办以色列大学科技成果转移推荐会，耶路撒冷希伯来大学、魏兹曼科学研究学院、特拉维夫大学、海法大学等4所以色列顶级大学及相关政府机构携1000余项领先技术成果来杭州对接，项目覆盖医疗健康、生物技术与医药、节能环保、电子、计算机与信息网络、新材料、农业、食品饮料等9大技术领域。

不论是杜邦公司，还是其他合作伙伴，在宗庆后眼中，大家需要互相包容共赢。他在第二届中国企业改革发展论坛公开表示："中国企业要实现基业长青、永续发展，必须怀有海纳百川之心、博采众长之态。在新时代，娃哈哈的开放合作步伐也将进一步加大，立足主业的同时，在生物工程、高端制造和人工智能这三个领域谋划布局，努力寻求向高新技术产业发展。"

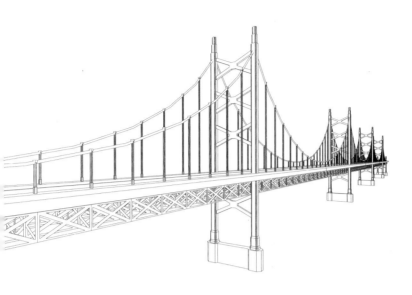

第三章

效　　率

31年来，娃哈哈作为一家标准的巨无霸企业，却能一直保持稳健的发展速度，一个重要的原因就在于效率。"小步快跑"形成的速度经济，"草履虫"式单元复制形成的规模经济，从奋力追赶到领先超越的"学习效应"，以及令人赞叹的极速"网络效应"，这些高效率模块的背后都是因为娃哈哈存在着"一个大脑、N个终端"的组织体系。在该组织体系中，宗庆后是一位"大家长"，是娃哈哈的"大脑"。为了快速而又准确地做决策，他喜欢直接与各个终端接触，"听一线的声音"。

因此，娃哈哈从多种来源形成了高效率运作（见图3-1）。一是速度经济。娃哈哈"小步快跑"的精神已深入人心。"小步"是指在决策上小心谨慎、稳健前进，力所不及的事情、心中无底的事情坚决不做；"快跑"是指机会一旦出现，就迅速行动、大力推进、大干快上，坚决把握住发展机遇。依靠这一理念和战术，娃哈哈一直深耕饮料行业，滚动发展，把小产品做成大市场，把食品饮料做大做强。同时不搞负债经营，每年在纳税、分红之后，依然保持银行上百亿元的存款，始终保持良性、稳健、高速的发展势头。二是规模经济。生产企业通过扩大生产规模，降低单位可变成本，从而引发经济效益增加。娃哈哈在全国有80个生产基地、180个分公司、7000多家经销商，规模和网络让娃哈哈形成了两种竞争力：成本大幅降低、区域垄断。三是学习效应。学习能让企业在一段时间内优化体系，提高效率。比如，娃哈哈对信息系统的使用让组织反应更敏捷迅速，学习世界顶级技术让企业能够实现赶超到领先。四是组织体制。娃哈哈拥有3万多名员工，产品类型多，在国内的销售网点星罗棋布,娃哈哈的高度扁平组织架构让组织变得非常灵活。娃哈哈的效率是传统企业的典范,比互联网企业更快、更极致,也是企业长久以来保持高速发展的核心竞争力之一。

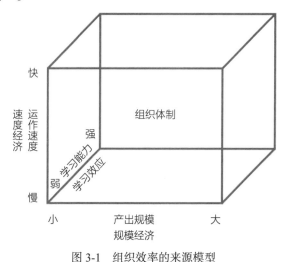

图 3-1　组织效率的来源模型

总体上,速度经济是从时间维度创造的时间节约,规模经济是从产能维度实现的成本降低,学习效应是从经验维度保障的熟练运作,组织体系是从决策维度激发的执行能力。这四个方面共同促进娃哈哈运行效率的总体提升,成为企业竞争优势的重要来源。

速度经济:小步快跑

速度经济是高效率的直观体现。企业运行速度提升原因多样，表现形式各异。娃哈哈的速度经济集中在三方面（见图 3-2）。一是快速决策帮助企业及时抓住市场机会，市场机会则是企业发展壮大的重要基础；二是快速研发帮助企业有效应对市场机会，否则企业创新就会滞后于快速变化的市场需求；三是整合生产帮助企业形成复合能力，有效缩短生产时间，降低生产成本和控制产品质量。

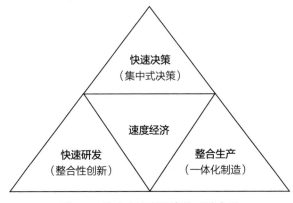

图 3-2 娃哈哈速度经济的三种来源

决策、应对、复合，决定了一家企业是否可以实现可持续增长。在决策方面，宗庆后有一些习惯，比如，出国时带上打印机，以随时打印文件，当场做出决策；所有部门当天上报的材料必须当天回复，决策不过夜。高效决策让娃哈哈擅长打造爆品，这都与决策端的快速响应有关。考验每个企业生存的重要因素是执行力，当决策诞生，领导者是否能够带领企业迅速应对十分重要。快消品市场变化万千，娃哈哈的研发部门责任重大，研发人员应随时做好应对的准备，超前抓住消费者的心思，超前半步提供产品。一体化的生产体系为企业提供了复合能力，成本降低、效率提升、质量稳定，没有体系的支撑，企业无法实现高效率运作。在这方面，娃哈哈做出了表率。

决策：背着打印机出国

纳西姆·尼古拉斯·塔勒布在《反脆弱》一书中讲到了理性试错的观点：如果每次试错都让你了解到什么是行不通的，慢慢地你就会接近有效的解决方案了。现实中，大企业通常存在决策系统复杂和缓慢的问题，这直接影响企业对市场机会的开发和利用。娃哈哈独特而快速的决策机制，既与企业领导人的个人风格和偏好有关，也是行业快速发展的客观要求。快速决策往往带来较高的决策风险，所以要求决策者和企业对内外部环境保持充分的深入洞察和理性的分析能力。

快速决策是娃哈哈企业发展的一大特色。在宗庆后心里，决策需要及时，哪怕是错误的决策也比犹豫不决强，只有动起来才会有赢的机会。但同时，在做决策时，宗庆后认为"快"并不代表盲目。他很稳健，以"小步"试错，迭代发展，既保证快速决策，又使自己的决策不至于偏离正确道路太远。企业管理部部长王斌对此很赞同："宗总认为，我们今年开发5个产品，有一个产品能够上量就是胜利。一个产品也许今年流行，明年就不流行了，一个企业如果今年流行的东西没有把握住，明年这个时间就已经过去了。"

"背着打印机出国"便是最能体现宗庆后高效决策的故事。宗庆后有一个习惯，出国时总会带上打印机和相关待处理的文件，为的就是可以快速决策。在宗庆后的带领下，娃哈哈奉行"效率优先、快速决策"的做法。娃哈哈虽然体积庞大、管理幅度大，但一般当天提交的文件当天就能得到批复，领导层的决策效率非常高。江金彪对此深有体会，"一个流程走两天，宗总都不能忍受，他总说：'这个事情用不着那么复杂'，要竭尽所能为市场服务，不论是服务市场或是问题取舍都是效率优先。"

快速决策之后，考验企业的是落地执行。娃哈哈的速度很多是被宗庆后"逼出来"的，设备工程部部长郭伟荣就对宗庆后另类的"监督"方式印象深刻："宗总的记忆力非常好，他交代你做的事情，隔几天就会问你，事情办得怎么样了？如果做得不好，他也会骂人，我们跟不上他的思维。"

为了不影响决策效率，宗庆后一直对自己有个要求，同时也以此要求公司的员工：报告不过夜、当天事当天办。这使他即使到国外出差，也要求自己要办公，有些文件要签字，就只得"背着打印机出国"，多年来都是如此。随着时代的发展进步，对于身处快消品行业的娃哈哈而言，企业是否具有高效率决策直接影响整个娃哈哈的运营发展，这是其市场核心竞争力。

研发：15天从思路到打样

新产品、新产业是企业长远发展的动力，所以，企业要快速应对市场变化，就需要拥有高效的研发能力，能快速推出新产品。效率为王，在快速变化的快消品行业，娃哈哈的产品研发效率当属行业楷模。

在快速变化的行业，创新速度往往比创新程度更加重要，正在成为企业之间比拼的焦点。娃哈哈研发创新的高效率建立在多种因素之上，包括敏锐的市场意识、人员的高度敬业、组织的高效协作、完善的设施设备等。所以，研发效率的提升取决于企业强大的创新系统，而不是单一研发部门的能力。

非常可乐、娃哈哈八宝粥、激活、启力、营养快线、爽歪歪、娃哈哈苏打水饮品、娃哈哈乳酸菌饮品……每一种娃哈哈爆款产品研发的背后，都是一场速度争夺战。最快只要15天就能完成新产品从思路到打样、出样品的整个过程。同行业其他企业需要2～3个月时间完成的研发创新，娃哈哈只用了15天，原因是什么？

首先是市场快速变化的压力。近年来，快消品行业竞争加剧，同行业企业的新产品研发速度都在加快。作为行业龙头企业的娃哈哈也在全力以赴，以产品创新来保持自身的地位。娃哈哈华东片区负责人王海兵解释："我个人感觉，最近四五年快消品行业压力非常大，超级单品时代过去了，现在哪怕再好的广告营销也不一定会成为爆品，我们有这么快的研发速度，就是因为老板把自己的命运掌握在自己的手里。"

其次是制造能力的强力支撑。从新产品研发到投入市场，生产制造环节必不可少，而且往往会成为一个制约因素。为了提高市场响应能力，娃哈哈自建了设备制造公司，专门生产模具，不断改造生产线设备，以保证较高的生产效率。杨永军分析了自建设备制造公司的好处："我们和其他企业不一样，别的企业可能把很多东西都外包出去了,而娃哈哈跟它们相比,竞争力就在于生产线,核心技术都掌握在我们自己手里,比如模具开发。"在这个行业,模具直接影响整条生产线的生产,是设备中最易损耗、最贵的材料,很多企业因为没有研发能力便把模具生产外包出去,这就带来了很多不确定性,磨具损耗后无法得到供应商的及时维护,极大地降低了生产效率,给企业带来了更大的损失。在娃哈哈,模具开发最快只需三天,但到外面采购至少需要两个月。

再次是研发人员的高执行力。娃哈哈强调研发人员的高执行效率,遵循"小步快跑"的原则,严格规定研发的任务进度和目标。比如,为了提升研发速度,娃哈哈会召集相关人员开会,收集整理出相关意见交予部门负责人,随时保持沟通,有异议就讨论,所有项目研讨会都秉承"今日事今日毕"的原则,如果研发部门有员工无法完成自己提出的进度,就会面临被"擦掉"的后果。余强兵这样形容娃哈哈研发人员的效率,"首先是要做,然后是做完,第三才是做好。你做都不做,那就不存在后面的政策了……执行是一个能力问题,首先你要快速把事情做完,其次再说完成,至于做得好不好、怎么提高工作标准和质量,这是对自己要求的问题。"

最后是严格规范的执行监督。快未必就是好,关键在于在正确的方向上快速执行。娃哈哈研发部门制定了完善的监督制度,良好的执行监督造就了研发部门的高效执行。有一位娃哈哈技术员,一个晚上就全部成功调试了外部技术人员要花费一星期才能完成的生产线。有一次,娃哈哈要加速投产,希望能在 15～20 天内将新产品在全国开卖，期间遇到一个很难的产品问题，为了提高效率，技术人员工作到凌晨 3 点半。当然，这种执行监督在娃哈哈具有人情味和团队精神，上述案例中解决难题的是技术人员，但其他人员都会在旁协助和鼓劲。

制造：近乎极致的一体化

西方理论很强调通过专业化分工来提高企业效率，但这个理论的有效性建立在发达的市场机制之上，诚信、契约是分工合作产生效率的必须条件。在市场化程度还处于改进阶段的中国，娃哈哈反而通过高度一体化实现了极高的运作效率。这种高效率既来自于企业的成本管控能力，降低不必要的消耗；也来自各生产环节的高效协同，克服由短板和缺陷因素导致的低合格率，协同有助于企业全方位、全过程把控产品质量；还来自生产技术的改进，技术改进和突破可以系统性地提高企业的生产制造能力。

从表面看，外形包装材料的制造难度并不高。企业把这些业务外包出去，协作商也能做出来，如果厂商之间相互配合，效率可能比自己生产更高，还不需要企业投入很多精力进行内部管控。曾有员工向宗庆后提议外包业务，宗庆后当时想了两秒便说："我们不外包。"宗庆后的决定并非偶然，是经过深思熟虑的。

企业发展需要掌控自主权。宗庆后认为，只有将生产、供应链等环节掌握在自己手里，才能真正打造"效率为先"的公司，特定环节受制于人就无法有效提高效率。建厂初期，娃哈哈并没有模具开发设计能力，与国外几家大型设备供应商合作，但没过多久，宗庆后发现，业务外包后很容易受制于人。比如，在合作时总会因为谈判、商务周期、假期安排、质量检测等各方面因素导致生产反应速度下降，甚至有时还会因供应商无法及时生产出所需的新设备而错失对新产品概念的抓取时机。于是，为了直接获取最快的市场反应速度，娃哈哈建立起一体化程度很高的生产线，包揽产品的包装设计、模具以及生产设备设计等。江金彪说："从我们公司来讲，要快速应对市场变化，自身能力建设可能更好，比如在某个销售会议上，有人提出一个点子，宗总觉得很好，从他敲定到真正做出来速度是很快的，我们的优势就相对明显一些。"

企业持续发展必须要有高质量的产品。从原料加工、生产到销售，娃哈哈都有一套行业领先的质量控制标准。对于市场对娃哈哈产品质量的回应，娃哈哈人总有一种超乎一般企业的强大信心，因为一体化体系的建立，所有生产制造环节都在自己公司完成，相关过程可以监控和回溯，让娃哈哈"身正不怕影子斜"。"碰到外部事件，我们也不怕，因为从原料到加工、出厂我们都有很完善的体系，而且不是一天两天。"当谈及一体化的益处时，工程部部长郭伟荣说道。

企业赢得竞争优势需要保护好自己的核心技术。娃哈哈一体化生产供应链的形成，也是企业出于技术保密性、核心竞争力等因素的考虑。企业研发生产一些新产品，需要核心部件、工具、工序等环节，通过掌握这些环节的核心技术，企业创新发展就有了强有力的基础。以饮料企业的生产线而言，表面上许多企业的生产线与娃哈哈是一样的,都是PET粒子进去,接着瓶子被吹出来,再完成罐装,但产品质量、安全、稳定性等方面差别不小。比如,生产线的吹瓶环节就需要依靠相关设备,设备需要相应的模具,模具是核心竞争力,同类企业大都缺乏模具的设计能力,而娃哈哈却有专门的一套体系来研发生产模具,因此,娃哈哈就可以占领市场制高点。赵允形容娃哈哈对核心技术的掌控:"我们现在的生产线都是高度集成的,可以把瓶子、盖子放到一块做,不像以前各是各的,我们模具制造的产能和模具制造的技术在国内也是很先进的。到今天为止,和我们同样规模的饮料公司,有模具产业的估计还没有,就算有,也没有我们这么大型、全面,很多核心技术我们自己可以掌控。"

降低成本也是企业竞争发展的重要利器。娃哈哈的一体化发展,也是宗庆后对降低成本的追求。由于娃哈哈规模很大,自己生产可以降低单一业务的成本费用,从整体上形成规模效益。以前娃哈哈还没有一体化生产线的开发能力,从海外购买生产线,生产成本非常高,而当自己有了生产线研发能力后,成本大大降低。娃哈哈近乎极致的一体化,让整个企业犹如一只高高的木桶,各块木板高度一致,这让娃哈哈与同期那些有着"短板"的木桶相比,能盛明显多得多的"水",那些"水"就是效率。叶峥形容目前娃哈哈的生产是"一条龙":"我们现在的生产线,瓶子、盖子、标签等都是我们自己一条龙。所有的活动也是这样,从文案策划到设计到最后组成,所有都是一条龙,包括保安都是我们自己人,根本不需要外面人的介入。"

娃哈哈生产供应链的一体化模式,很好地帮助企业解决了产品质量、交货延迟、商务谈判、成本控制等难题,而这些都是在外包协作中容易出现的问题。这样,娃哈哈的一体化生产供应体系能够帮助企业形成一种独特的复合能力,让别人难以望其项背,无法超越。以娃哈哈生产线为例,从瓶盖到瓶子,娃哈哈都处于行业领先水平,持续不断地把很多环节都做到精、尖、专,娃哈哈的复合能力不断增强,生产制造方面的竞争优势越来越明显。

规模经济:"草履虫"式单元复制

规模经济是企业竞争优势的重要来源,但企业规模扩张本身需要耗费成本。娃哈哈实现了低成本扩张,有三点因素(见图3-3)。一是通过高度标准化快速形成复制能力,提高规模扩张的效率,降低扩张成本。娃哈哈在生产发展过程中,通过实践总结,创造出一套"草履虫"式单元复制模式,使娃哈哈能在最短的时间内在全国各地快速扩张,产生了显著的规模经济。二是通过同步培育新产品、新人员夯实规模扩张基础,增强新产品扩张的成功率。娃哈哈的下沙基地更多承担的是新产品试验作用,经过最小化可行性产品的试验,极大地增加了后期大规模复制的成功性。三是通过深度激活网络节点充分利用网络规模效应,实现网络规模与网络效应扩大并举。同时,企业需要有效平衡好规模化和个性化,动态调整企业规模,避免规模不经济。

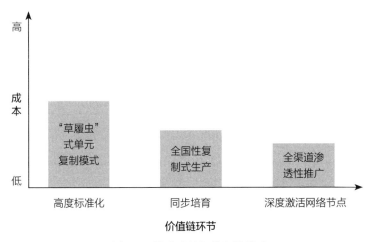

图 3-3　娃哈哈的规模经济模式

生产扩张：工厂模板与"盖章式"复制

标准化是提高效率的重要因素，因为标准化有助于积累和转移经验，减少因频繁探索而带来的不确定性和风险。所以，标准化极大地提高了复制经验的可能性。但是，标准化往往与市场需求多样化相冲突，而娃哈哈的经验表明，在标准化框架下的适度柔性是可行的，如同质化的生产线加上类型多样的模具。标准化与柔性的动态平衡是当今企业面临的一大挑战。在管理学学者眼中，这是一种双元组织概念。

现在来看看娃哈哈是如何实现标准化与快速复制的。

首先来看建基地的速度。事实上，娃哈哈在 8 个月时间里不仅可以保证一个基地的建设投产，同一时期还能以相同的建设速度与效率执行多个基地的建设任务，完成同等质量的"建楼"任务。王斌说:"我们最多那一年投入了30多条生产线、几十个工厂,在那几年的发展中,唯一讲究的就是快,生产线所有的建造都由自己完成,自己设计布局,厂房根据布局来建造,有自己的安装队伍,大约当时有200人同时开展30多条生产线的安装。"娃哈哈究竟是怎样让多家生产基地同时建造和投产,产生经济回报的?主要得益于两方面原因。

一方面,娃哈哈拥有非常详细、成熟的"工厂模板"。

首先,工厂内部布局标准化。熟悉娃哈哈工厂布局的人进入娃哈哈任何区域的工厂,很多时候都不用问内部员工工厂的生产线、更衣室、洗手间在哪里。因为虽然是不同的工厂,建的也是不同的生产线,但设计布局的标准都是一样的。娃哈哈的工厂设计遵循科学设计,符合工程、工艺设计原理。不仅如此,设计布局标准每年都在不断提升,宗庆后认为只有这样才能够形成更优化的解决方案。"对饮料工厂设计的经验,我们是很有自信的,肯定是全国第一,乃至全球我们也是前三。中国任何一个饮料企业,没有任何一个会像我们在工程设计方面积累了这么多经验。"邵金荣说道。

其次,生产线标准化程度高。就娃哈哈生产线而言,生产不同的饮料和产品本身对工厂的布局没有任何影响,生产线之间的不同主要与模具不同有关。娃哈哈拥有自己生产模具的能力,且因为拥有自己改造生产线的能力,娃哈哈的生产线都被改造得非常标准化。比如,有些企业的生产线只能生产一种产品,而娃哈哈的生产线却可以生产几十种产品,这使得娃哈哈在生产线的建设过程中可安装相同的生产设备,复制性非常强,同时可以满足不同产品市场的需求。

再次,工厂选址标准化。娃哈哈在生产基地的选址上重点考虑生产便利和成本。娃哈哈有四项规定。第一,服务市场。以市场为中心向四周辐射,在销售半径500千米左右处建厂。第二,保障质量。选址要考虑水质,一般是用城市用水,有些水资源比较丰富的地区也会考虑地下水,既保证了质量,也达到了降低成本的要求。第三,用工需求。选址要综合考虑用工因素,包括当地劳动力的供给情况和员工的生活条件。第四,营商环境。选址要更多地考虑政府软性环境的支持。

最后,人员匹配标准化。在分公司的筹建过程中,娃哈哈通常由集团总部任命一位经理去运营分公司的所有日常事务,分公司中层干部可以在总部进行调配,总部会从内部派遣熟悉娃哈哈运营各环节的干部去分公司,比如品控、财务、行政、工程、质检,由这些人迅速组成分公司领导班子,尽快完成工厂建设投产。分公司领导班子一旦成立,总部会结合诸多因素对分公司提出明确的目标要求,规定从项目落地到整个投产运营大概的时间,确保建厂效率。

另一方面,娃哈哈人利用自身标准的"工业模板",不断进行"盖章式"的复制建设。在娃哈哈工厂的施工现场,很多建设项目通常都是并行进行,这也是之前讲到的并联作业。这样,只要每一个节点的任务都划分清楚、衔接紧凑,那么高标准化就会促使高效率的复制。

下沙基地：新产品的"黄埔军校"

优秀的企业家都具有强烈的探索精神，探索精神是企业持续发展的必然要求，否则企业容易被锁定在既往成功之中，缺乏足够的成长能力。中国饮料行业巨头娃哈哈集团，在全国各地有 80 多个生产基地，娃哈哈人将下沙基地称为娃哈哈的"黄埔军校"。娃哈哈主动为企业探索建立了试验基地，不仅培育新产品，还锻炼新员工，为后续企业扩张提供双保险。

下沙基地是培养娃哈哈人的"黄埔军校"。下沙基地负责人蔡雷 1998 年大学毕业后进入娃哈哈，就在下沙基地工作。他清楚地记得，当时工厂的生产方式还比较落后，是劳动密集型企业，员工有几千人，但不少是大学生。2000 年，公司上了一个新项目，装了一条生产线。后来，娃哈哈开始注重技术改进，整个 AD 钙奶的技术不停改造。2003 年左右，他升为饮料公司的副总，后来又调回下沙基地，再后来成了饮料公司片区的总经理。娃哈哈有很多管理干部是从下沙基地出来的，都进入过拥有最成熟、最先进生产系统的下沙基地中进行"熏陶"，不断磨炼技术，感受娃哈哈文化，最终成长为能够独当一面的娃哈哈人。

下沙基地是娃哈哈新产品的"黄埔军校"。这里每年都会有大批产品"学员"。下沙基地是娃哈哈产品生产最丰富的工厂，生产超过 100 种规格的产品，是全国最大的饮料品种生产厂。在下沙基地，新产品研发使用的模具都是提前储备好的，使用一代储备一代,产品有面向未来市场,也有面向近期市场的。与许多工厂主要追求利润最大化的生产模式不同,下沙基地还会生产一些市场需求量小的产品,虽然成本很高,有些甚至毫无利润,但这是娃哈哈时刻为抓住市场机会所做的准备。所以,这里相当于娃哈哈新品"育婴室"。"我们做小产品的目的并不是一直做小产品,而是为了把这个产品培养大,如果这个产品长期培养不大,我们也会关掉它,所以,下沙基地要把公司的产品从'婴儿'开始培育,然后成为'少年''青年'和'壮年',下沙基地相当于产品的摇篮。"从下沙基地走出来的王斌说。当产品成功培育,各地市场机会来临时,来自下沙基地的新品就会在全国各地的生产基地快速生产,然后通过娃哈哈强大的市场渠道占领市场。

下沙基地是娃哈哈新技术的"黄埔军校"。下沙基地生产线的技术水平位居全国首位,一般工厂的生产线只能生产一个或几个品种,但在下沙基地,一条生产线可转换生产的品种超过100种,能以最快的速度响应市场需求和订单变化,生产效率不断提升。下沙基地就成为一个先进的"教学"基地,各地的干部员工纷纷到这里来参观学习,把下沙基地的先进实践和经验移植到其他地方,使得娃哈哈的整体能力得到提高。可见,下沙基地的存在是娃哈哈制胜市场的一大"法宝",通过对新品、新人、新技术的不断培养和转移应用,为娃哈哈不断扩张发展提供了源源不断的动力,让娃哈哈能以最快的速度、最高的效率抓住市场机遇,占领先机。

营销网络：把红旗插到各个角落

发达的营销网络是企业快速发展的重要基础。成功的营销网络建设主要体现在三个关键方面：一是网络规模，创建和维护庞大的营销网络需要高昂的成本，所以网络规模要与企业发展目标相匹配；二是网络深度，大规模的营销网络容易产生网络渗透性不足的问题，导致网络内的客户资源得不到充分利用，所以企业需要精耕细作和充分激活现有网络节点；三是网络演进，营销网络的规模与深度需要根据市场变化趋势和企业战略目标进行动态调整，增强网络对企业发展的支撑能力。

目前，娃哈哈的营销网络由40余个省级销售分公司、7000余家遍布全国的经销商、10万余家的批发商以及500万个终端共同编织而成。通过这种营销网络，娃哈哈变一家企业的市场竞争为几千家企业合力竞争，从而打造出标准、快速、极致的营销网络。

对于娃哈哈营销网络的建立与发展，宗庆后说："刚开始时，我们是一个地区一个经销商，因为一开始产量比较小，所以一个地区一个经销商就能把产品都卖完。后来，随着产量不断增加，我们就从县里面延伸，县里设立经销商，再到现在我们建了批发商网络。后来我们还搞了两套网络，因为我们产品比较多，一家经销商也不可能销完我们全部产品，针对原有经销商不销的产品，再发展一家经销商，所以，我们的销售网络也在一步步延伸。"

最初，娃哈哈借助于国家现有的销售网络，利用国有的糖烟酒公司、副食品公司和医药保健公司销售产品，从一级站、二级站、三级县公司、四级批发市场，一直到零售店，通过这几条线把产品从城市到农村做到了市场的全面覆盖。

改革开放以后，国有市场受到了极大的冲击，此时机动性更强的批发市场兴起，由于其成本低，产品价格便宜，许多产品都到批发市场交易，很快批发市场便覆盖了全国各地，包括农村市场。而娃哈哈也在那时借用了批发市场的力量，成功打开了农村市场。

随着中国经济的不断发展，价格竞争加剧，为了降低市场价格波动带来的影响，也为了更快反应市场需求，娃哈哈便建立起自己的销售市场渠道。营销网络建立之后，娃哈哈需要深耕每一个营销网络节点，使得庞大的网络体系可以真正促进企业发展。娃哈哈在这方面积累了丰富经验。

现任娃哈哈鲁西市场临沂地区区域经理的付宏伟，2002年进入娃哈哈销售市场，是娃哈哈建业25周年十大功勋销售人员之一，经历过诸多的娃哈哈销售大事，"两乐"之战、达能之争、营养快线、爽歪歪……

付宏伟所在的临沂地区，2016年销售100万箱以上的产品有6种，包括茶饮料、果汁饮料、营养快线、爽歪歪、八宝粥等，这些大单品撑起了该区99%的销售额。在这优秀成绩的背后，实际上就有娃哈哈营销团队奋战一线的成果。首先，企业拥有非常详尽的营销网络资料库。网络覆盖到乡镇的每个村，企业还专门绘制了精细到每个点的地图，对区域终端进行实时跟踪和维护。其次，产品种类覆盖范围非常广。娃哈哈拥有几百个产品，区域内最少能做到 60% 的产品覆盖。最后，重视员工经验的积累。比如，做过 1~2 年编外业务员才有资格担任客户经理助理，担任过 2 年客户经理助理、管理过 2~3 家不同客户才有资格做小客户经理，等等。

销售经理是娃哈哈与市场终端的纽带，扮演着重要的信息沟通交流的角色。正是许多像付宏伟这样的经理，他们作为娃哈哈全国销售网络中的一颗颗"小螺丝钉"，发挥了"缺一不可"的作用，通过共同的高效运转，才构建起了娃哈哈覆盖面广、渗透力强、执行力高的全国营销网络。

学习效应：从追赶到超越

学习分为经验学习和探索学习，经验学习有助于提高企业的运作效率，减少失败风险；探索学习有助于企业发现和利用新的市场机会，增强持续发展能力。学习先进知识是实现企业创新发展的重要动力，但其学习有效性依赖于企业的消化吸收能力，后者可以通过积累经验知识和补充通用知识得到提高。有效地学习先进知识，有助于企业从跟随迈向领先。

快消品行业竞争激烈，娃哈哈成功实现从追赶到超越的转换，来源于其极强的学习力。时刻保持危机感让娃哈哈全员加强学习，多年的实战经验让其形成了一套完整、成熟的学习转化机制。从经验学习，到趋势观察，到知识内化，再到自我超越，娃哈哈逐步形成了独特的学习机制与模式（见图 3-4）。

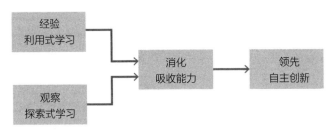

图 3-4 娃哈哈的学习效应形成机制

经验：师傅带徒弟

经验学习是一种利用式学习，是企业最为常见的组织学习模式，具有稳定性高和成效可预期等优点，是企业稳步发展的重要动力来源。娃哈哈在组织内部打造多样化的经验学习来源，营造积极学习的文化氛围，发挥经验者的传帮带作用，使得企业的整体能力不断提升。

经验学习首先要有好的经验源。宗庆后的创新意识、危机感和责任心都非常强，总是不遗余力地坚持往前跑，不会因为取得的一点成绩而骄傲自满，甚至放慢脚步。这导致的结果是在集团内部潜移默化地形成了一种"师傅带徒弟"的经验教学氛围。在娃哈哈，所有员工都跟着宗庆后前进，特别是老一批娃哈哈人，不管是主动跟进，还是被宗庆后的理念裹挟着前行，大家总是在不断向前。许多学习和教化都发生在潜移默化之间。宗庆后的"细致教学"可见一斑。

在交谈中，余强兵印象非常深刻的是，有一次，宗庆后要做一个 400 亿元的销售目标，他首先做市场划分，把市场和销售的品种都分好，在表格上详详细细地画好，销售人员只需要往里面填信息就行了。他画在黑板上，给下面的人讲一遍，问大家是否已经理解，如果下面的人说没有，他会再给讲一遍。经常陪宗庆后出差的赵允，对于他的"日常教育"也深有体会，"我们这一代人是他看着成长、指导成长的。他会经常带着你出去，在他身边，我们就可以近距离学习，我们老板不是那种很有距离感的人。"

在第十二届全国人民代表大会第二次会议浙江代表小组会议上，宗庆后发表了自己的看法，他认为娃哈哈集团的人才基本靠企业自己来进行深化培养，想要刚入职的大学生马上胜任当前的工作基本不可能。作为中国饮料行业的龙头企业，娃哈哈的许多技术都领先同类企业很多，自主研发能力强，购置世界上最先进的设备。相对来说，娃哈哈人自身对于行业的先进技术、设备的熟悉度都要高于外界提供的。所以，进入娃哈哈的员工需要拥有更高的技能，需要不断学习。

在娃哈哈，"传道授业解惑"是"无贵无贱，无长无少"，不仅仅宗庆后可以，只要是对某些领域有深入研究的员工，都是全员学习的老师，特别在员工技能培训上都是采用"师傅带徒弟"的教学方式。应届毕业生到娃哈哈入职都会有1个月的培训，而对于社招的员工，娃哈哈采用"边做边学"的培训模式。"新人来，老人都要带一下，因为娃哈哈现在使用的这些高端设备、饮料装备，外面的人很多都只能在开展会时去看一下，他们是看不到内在的。我们自己本身就有很多经典的案例可参考，设计人员的条件也很好，很快就可以举一反三，比较能够吸收。"对于娃哈哈"师傅带徒弟"的人才成长通道，智能装备部的周冬很是赞许。娃哈哈的经验学习模式，让形成"娃哈哈速度"的众多优势得以传承并发扬，为企业长远发展培育出了更多的优秀人才，走出了一条有娃哈哈特色的高效发展之路。

观察：皮箱里的样品柜

格拉德威尔在《异类》一书中指出："人们眼中的天才之所以卓越非凡，并非天资超人一等，而是付出了持续不断的努力。1万小时的锤炼是任何人从平凡变成世界级大师的必要条件。"他将此称为"一万小时定律"。娃哈哈的成功并非偶然，宗庆后也不是天才，但他的成功却证明了一个道理：持续不断地坚持学习，成功就会离你更近。

宗庆后每天早上六七点准时开始工作，几十年如一日，他的习惯是先翻看当天的报纸和一些杂志社、高校、研究机构、学者甚至是普通消费者寄来的各种各样的材料，来源广泛，内容丰富。他每天都会汲取大量信息，不仅注重抓取来自报纸、书籍、研究报告等材料的重要信息，作为全国人大代表、行业领军企业领导人，他还会经常接收到一些关于国家发展与国际动态的信息。丰富的信息来源，使宗庆后对国内外政治、经济的发展都很了解。这些外部信息辅助他预判市场趋势，快速做出企业决策。

成功学习至少需要两个条件：第一，观察者需要有较高的警觉性，否则对外部新鲜事物缺少足够的兴趣，也就无法捕捉到新的信息；第二，观察者需要有较强的联想能力，需要将观察到的新信息与现有问题建立关联，否则即使看到新鲜事物也无法构思出新的创意。

宗庆后会深入市场一线观察学习，感知市场发展。身为集团领导人，照理说只需做好集团的最高决策就好，但他会走到最前线。自20世纪80年代起，宗庆后就一直在市场一线活动，为了获取最新信息，他的足迹基本上遍布了全世界。娃哈哈许多产品信息都是宗庆后一步一步、一个人一个人问出来、走出来的。他是"娃哈哈最仔细的市场调研员"，他的皮箱就是个"样品柜"，装满了全世界最新的市场信息。

在杜邦公司大中华区张晔的印象里，宗庆后是一位很接地气的企业家，他总是自己跑市场，买一大堆样品回去研究。她回忆说，有一次在巴黎，宗庆后去看国外的一些超市，在食品超市里买了一大堆不同的酸奶、牛奶、奶酪、红酒等带回酒店，把所有的样品一个个地品尝，评价研究，相互交流这个好还是那个好。

还有一次，宗庆后从日本回国，带了4个大箱子，箱子里装满了饮料，宗庆后一个人带着。因为从换登机牌的地方到托运行李的地方，中间还有很长一段距离，他就自己一个人拖着4个大箱子朝前走，去办托运。"我到现在都还记得他当时一个人拖着那几个大箱子的背影。"当时陪着宗庆后去机场的赵允，回想起当时的场景，几度哽咽。由于换登机牌后，机场不允许赵允跟进去，但他实在是看着不忍心，便找来一个机场保安帮忙，"你看他那么大年纪了，4个箱子弄不了啊，你帮他一起送到行李托运那里吧!"

无论如何,宗庆后也不会把箱子丢掉。杜邦公司大中华区刘卫斌评价说:"其实那就是他的财产,买的那个样品是他最关注的,他还真的跟别的老板不一样。"实际上,每次出去,宗庆后对在外买的样品都非常在意,看得很牢,出去几个箱子,回来都要点一点。等到样品一带回国,他就会召集研发和市场部门的员工,把箱子中的所有样品拿出来,让大家都尝一遍,研究产品的包装,让大家积极发言。

不仅自己深入一线观察市场,宗庆后也要求员工如此,他特别支持技术人员出国参加展会"长见识"。长期与市场一线接触,使得娃哈哈人通过观察学习,能获取到大量直接且真实的一线数据,这些数据为宗庆后做市场趋势预测提供了支撑,做出的产品决策极少出现大的偏差,因为他们知道消费者想要什么。比如,1999年娃哈哈引进纯净水技术就是宗庆后到国外观察学习后做出的决定,此后纯净水成了娃哈哈的拳头产品。娃哈哈不断通过细致的观察,发现机遇,顺应趋势潮流,并以最高的效率抢占市场制高点。

消化:学习世界顶级技术

经典的组织学习理论告诉我们,学习先进知识的成效在很大程度上取决于组织的吸收能力,这在娃哈哈成功学习世界顶尖技术的过程中得到了验证。个人和组织的吸收能力由经验性知识和普适性知识构成,需要企业不断积累。对于宗庆后和娃哈哈来说,"小步快跑"不断积累经验,经常性捕捉当下

"无用"的通用性知识，都在不断提升其消化吸收先进知识的能力。

一直以来，宗庆后信奉"谁掌握核心技术，谁就有话语权"的理念，不断学习世界最先进的行业技术。从营养液到AD钙奶，再到非常可乐、营养快线，饮料市场的每个节点，宗庆后都把握得很好。新时代来临后，国外的益生菌异军突起，成为中国乳业市场的"香饽饽"，引得众企业争抢。为了抢占市场先机，宗庆后也不甘落后，在娃哈哈内部建立了先进的生物工程中心，对菌种进行研制、生产。

很少有人能想象得到宗庆后对世界顶级技术的学习执念有多深。娃哈哈与杜邦深度合作多年，彼此关系友好。在刘卫斌看来："在新的时代，宗总是一位很敢想、并善于学习的企业家，他去我们的研发中心和工厂，总是问我们的设备，总要说带我去最核心的地方。"

为了能学习到世界领先的菌种技术，娃哈哈一方面向供应商杜邦公司购买了部分菌种核心技术，同时积极向其学习。成立于1802年的杜邦公司，是一家以科研为基础的全球性企业，技术实力和服务能力享誉全球，这也是宗庆后选择和杜邦合作的原因。由于娃哈哈尊重知识和创新，行业地位也高，与杜邦在食品、营养、保健等领域建立了深厚的合作关系。

宗庆后经常去杜邦公司参观学习，他会很直接地让刘卫斌带自己去杜邦最核心的地方参观，刘卫斌在自己的权限范围内为宗庆后开方便之门。但不是所有地方都可以开放参观的。每当这时，宗庆后总会意犹未尽地想尽各种办法进去，刘卫斌只能无奈地对他说:"那里看不见东西的,都在博士的脑袋里面,外面看不到什么的。"宗庆后这才会罢休。

在宗庆后的影响下,整个娃哈哈到处都体现出对世界顶级技术很深的学习执念。在硬件方面,食品饮料行业世界上最领先的设备大都能在娃哈哈工厂里找到。为了保证娃哈哈的先进性,娃哈哈的设备总是世界领先的。为了更好地了解学习世界最先进的技术,宗庆后选择和目前拥有世界先进技术的专业机构合作,积极"走出去"开展"产学研"合作,向优秀的研究者学习。比如在生物工程、高端制造、人工智能方面,娃哈哈与国内外多所大学合作,投资多个成熟的高新产业化项目,建立联合创新实验室,和大学联合培养博士生。目前,娃哈哈与以色列海法大学建立了娃哈哈联合创新实验室、与美国加州大学伯克利分校设立了肿瘤细胞检测研究项目,等等。

但是,世界顶尖技术并不是那么容易学会的,需要娃哈哈拥有强大的消化吸收能力。这就是娃哈哈的深厚"内功",否则难以消化吸收前沿知识。在学习领先技术方面,宗庆后非常主动。宗庆后有个习惯,会突然给那些拥有世界领先技术的供应商打电话,开门见山地说:"我今天想过来交流一下。"这是他想把自己的一些特殊想法分享给供应商时经常会做的事情。

宗庆后和娃哈哈往往能快速消化先进技术,从而输出自己想要的东西。通过学习和消化,他会给供应商提建议,以达到自己的技术需求。刘卫斌回忆道,"他每次看到我们都说:'刘博士,你这个菌种有没有降血脂的功能啊?能不能做那个降高血压、高血脂的？'"在交流过程中，宗庆后举一反三的学习力，让刘卫斌十分佩服。

杜邦公司对降血脂菌种的进一步研究，其实就是受到了宗庆后的影响。宗庆后在与杜邦公司的合作交流中发现，国外的一些研究机构很多情况下都是在一些固定领域进行研究，不太主动去开拓新的应用领域。杜邦公司也有这样的情况，虽然在某些领域其技术全球领先，但有些菌种并没有进行深入研究，比如降血脂菌种。因为娃哈哈需要这项技术，所以，宗庆后就不断地询问杜邦公司关于这方面的研究进度，主动督促跟进这项技术的研发。

"无菌"加工工艺，由于工艺要求高且复杂，原本在国际上是没有的，而娃哈哈现在厂里的克朗斯"超净灌装机"，就源于宗庆后的内化思考。他认为市面上有一些无菌产品，为什么饮料就不能做到无菌生产？有了这样的念头，宗庆后进行了比较系统的分析，形成了无菌生产线的新概念。他把自己这个想法提给了德国克朗斯，让对方去研究生产。

消化先进技术然后将其转化成适合娃哈哈发展的技术，是娃哈哈人的一种本能。娃哈哈不仅引进世界先进设备，而且往往会在此基础上根据自身的生产特色，将设备进行改进提升。比如，娃哈哈创新研发了营养快线和爽歪歪的设备，直到现在，还有许多企业想要模仿，但成效都没有娃哈哈理想。娃哈哈的产品线是其在原引进设备的基础上进行了多次消化改进形成的。没有多年经验的积累，其他企业很难做到这点。

领先：智能制造的超越

对于优秀企业而言，学习的最终目的在于超越，引领行业发展。学习给企业带来了新的知识，新知识是企业超越自我和竞争对手的关键武器。持续地开放式和前沿性学习，促进娃哈哈从传统饮料企业转向先进的智能制造和健康食品企业。

2017年，《娃哈哈集团报》上有这样一则报道："在不久的将来，也许有一天我们走进公司，会遇到一个机器人和我们打招呼，有问必答而且对答如流。而完全自主开发出这样一套机器人是目前所有智能装备所工程师的理想和心愿。"这正是饮料行业巨头娃哈哈集团想要做的事！

很多人对娃哈哈的印象，就如陪伴着一代代人长大的娃哈哈AD钙奶一样，"老气""传统""土"……一个个很"怀旧"的字眼被放在它身上，觉得娃哈哈就像一位体态龙钟的老者，行动迟缓，毫无活力。但其实，娃哈哈还很年轻，有着一颗与时俱进、不断超越自我的心。你可能难以想象，专注实体经济的娃哈哈，在科技创新方面达到的行业高度。

1993年，娃哈哈投资3000万元组建研发中心；

2002年，研发中心被正式认定为"浙江省企业技术中心"；

2005年，娃哈哈分析中心通过中国合格评定国家认可委员会（CNAS）的认可；

2006年，娃哈哈企业技术中心获得国家企业技术中心认定；

2009年，在原娃哈哈国家级企业技术中心基础上进一步整合，成立娃哈哈综合性企业研究院，成为浙江省重点建设的第一批企业研究院，并建立了浙江省食品生物工程重点实验室；

2010年，设立博士后科研工作站，同年，开始着手益生菌的研发及产业化项目布局；

2013年，娃哈哈成为浙江省工业和信息化部两化融合的试点单位；

2015年，娃哈哈"食品饮料生产智能工厂项目"入选工业和信息化部"2015智能制造示范项目"，也是饮料行业唯一入选的示范项目；

2016年，娃哈哈研制的"高位高速码垛机"获得了中国食品科学技术学会科技创新一等奖；

2017年，娃哈哈下沙基地菌种车间建成试生产，智能化菌种车间正式投产。

在娃哈哈，有一支常年和机器人打交道的团队，平均年龄在30岁左右，大多数是985高校毕业的学生，很多是硕士、博士。他们组建起娃哈哈智能装备所。在这里，诞生了许多"黑科技"，如码垛机器人工作站、投放料机器人、装铅锌电池机器人、抓糖袋机器人工作站、并联机器人、框架机器人、电池检速机器人。

宗庆后认为，实力强的大企业应当成为创新发展和转型升级的主力军。娃哈哈在做大做强主业的基础上，紧跟时代发展的脚步，不放弃那些"时髦"的科技创新，其在打造食品饮料全数字化管控智能工厂上进行的实践探索，可复制推广到整个食品饮料行业，为行业开辟了一条发展新道路。

随着人民生活水平的不断提高，人们的消费理念逐步向保健、养生转变，宗庆后主动求变，对娃哈哈进行从安全到健康的转型升级，重点从生物工程如菌种、发酵技术、中医食疗等方面寻求突破，研发新产品。于是，娃哈哈在创新领域做了一件令人震惊的大事情：娃哈哈成功开发出中国人自己的菌种，打破了"洋菌种"的垄断，用自主创新点亮"中国智造"。

近几年，在中国乳业市场，益生菌被广泛应用在乳制品中，主要包括益生菌乳饮品、酸奶、婴幼儿奶粉三大类产品。好的乳品离不开好的益生菌，菌种培育技术成为培养好菌种的重要因素。作为国内规模最大的饮料企业，娃哈哈每年对益生菌菌种的需求量很大，如果企业自己手上有菌种研发技术，就可以自己掌握市场主动权，从而摆脱对国外企业的过分依赖，不再受制于人。于是，2010年娃哈哈开始着手益生菌的研发及产业化项目。但是，高密度发酵、冷冻干燥等核心技术一直是菌种产业化的技术壁垒。娃哈哈在建立菌种车间后，相继完成数十种乳酸菌的产业化技术攻关，其中，发酵、冻干工艺技术已处于国内领先水平。同时，娃哈哈建立起拥有近3000株菌株的菌种资源库，菌拥有量及资源收集量在国内同行业名列前茅。

与此同时，娃哈哈菌种车间是国内第一家实现生产过程全程自动化和柔性化的生物工程智能化工厂。针对国内菌种相关企业受技术和成本的限制，自动化程度低、生产过程可控性差的弱势，娃哈哈对传统的生物工程制造进行了自动化、信息化、智能化的技术升级,将数据采集技术、过程分析技术、数据分析技术等现代传感技术和信息技术贯穿于研发、生产、管理、服务等制造活动各个环节,建立起具有信息深度自感知、精准控制自执行、智慧优化自决策的生物工程智能化工厂新模式。

此外,集技术研发、产品创新、企业技术发展战略研究等多功能为一体的娃哈哈企业研究院,还参与了很多国家规定的标准建设,中国食品饮料行业的标准建设、硬件投入、质量管理体系思想和方法论等都受到了娃哈哈的影响。

组织体制:一个大脑、N个终端

娃哈哈极高的运行效率与其特色的组织机制高度相关:一是高度扁平化的组织机构,组织上下信息流动路径短,领导者可以快速获取真实信息,促进决策的及时性和准确性;二是集中指挥、分级授权,总部和领导承担指导和赋能的角色,被授权者根据目标任务自由发挥自身才能;三是采用全面预算来明确任务和防控风险,实施承担责任制度来激发员工共创共享的积极性;四是现代信息技术助推各级决策的速度和质量,同时通过发布相关信息促进内部资源共享和业务单元竞争比超;五是能上能下的人才胜任力管理机制,尊重客观事实,充分激活企业人才队伍,保障高水平的执行力。

从组织体制对娃哈哈运作效率的支撑模式来看,其基本原理主要在于(见图3-5):第一,高度集权决策和全面预算管理构筑了企业各级管理人员和员工的行动框架,可以有效约束其相关行为,保障企业在限定的决策范围内开展工作;第二,分级授权和承包经营实现了对企业各级管理人员和员工的有效激励,可以使其在职权范围内自主开展工作,并使工作成果与部门和个人绩效挂钩;第三,基于信息共享的内部竞争和基于"黑板干部"的用人机制形成了激励与约束相结合的组织机制,促使管理人员和员工在受到约束的同时拥有自主发展的空间,避免过于约束或过度激励带来的问题。这种组织体制有效地支持和促进了娃哈哈以往30多年的持续创新发展。

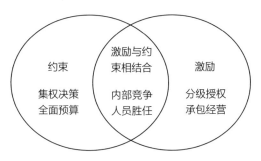

图 3-5 娃哈哈组织体制的效率支撑机制

组织体制:高度扁平的组织架构

娃哈哈集团体量庞大,员工有3万多人,目前在全国建有约80个生产基地、180多家子公司,产品主要涵盖蛋白饮料、包装饮用水、碳酸饮料、茶饮料、果蔬汁饮料、咖啡饮料、植物饮料、特殊用途饮料、罐头食品、乳制品、医药保健食品等十余类190多个品种。同时,娃哈哈拥有两个精密机械制造公司，自己设计开发、制造模具和饮料生产装备，还有印刷厂、香精厂。近年来，娃哈哈向菌种、酶制剂、机电等高新技术产业发展，已形成自己的菌种资源库，成功自主开发了串、并联机器人和自动物流分拣系统等智能设备，成为食品饮料行业具备自行研发、自行设计、自行生产模具和饮料生产装备及工业机器人能力的企业。无疑，在食品饮料行业，娃哈哈是一家标准的巨无霸企业。

大组织往往由于其工作内容的多样性和复杂性等设计和演化出等级、层级多的复杂组织机构，部门之间的协调往往存在困难，这也是"大企业病"最基本的特征。大公司往往组织结构很复杂，但与其相反，娃哈哈走的是一条"娃哈哈特色发展道路"，组织结构异常简单，高度扁平化，一个总经理、三个副总及各业务部门就构成了整个娃哈哈的管理组织（见图3-6）。

这样一个巨无霸企业，组织架构却极其简单，项目决策最多通过三层：普通员工上报部门负责人，部门负责人再上报给副总，副总最后报给宗庆后。即便这样，宗庆后仍然认为组织结构过于复杂，业务部门很多时候可以直接向宗庆后汇报沟通，宗庆后尽快做出决策，下属快速执行命令。事实上，宗庆后一直要求组织必须简单，他觉得没必要在组织架构中设置那么多环节。过去很长一段时间里，娃哈哈的组织结构更扁平，连分管下面各业务部门的副总都没有。娃哈哈高度扁平化的组织结构之所以多年来可以成功运行，原因至少包括以下三方面。

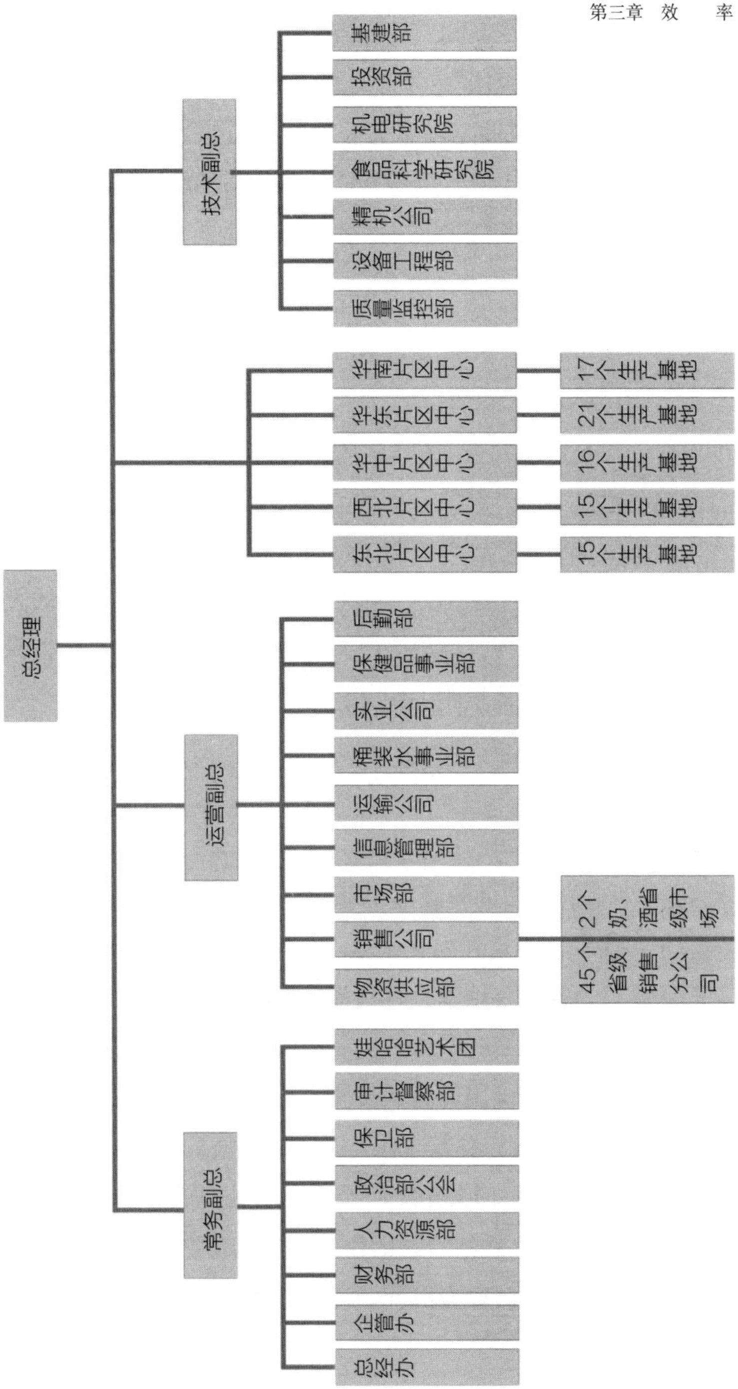

图 3-6 娃哈哈集团的组织架构图

- 总经理
  - 技术副总
    - 基建部
    - 投资部
    - 机电研究院
    - 食品科学研究院
    - 精机公司
    - 设备工程部
    - 质量监控部
  - (片区中心)
    - 华南片区中心 — 17 个生产基地
    - 华东片区中心 — 21 个生产基地
    - 华中片区中心 — 16 个生产基地
    - 西北片区中心 — 15 个生产基地
    - 东北片区中心 — 15 个生产基地
  - 运营副总
    - 后勤部
    - 保健品事业部
    - 实业公司
    - 桶装水事业部
    - 运输公司
    - 信息管理部
    - 市场部
    - 销售公司 — 45 个省级销售分公司、2 个奶酒省级市场
    - 物资供应部
  - 常务副总
    - 娃哈哈艺术团
    - 审计督察部
    - 保卫部
    - 政治部工会
    - 人力资源部
    - 财务部
    - 企管办
    - 总经办

首先，宗庆后高度敬业的性格和习惯担当"大家长"的责任，喜欢并敢于做决策。宗庆后事无巨细、化繁为简的能力让他可以做到对企业全盘掌控。在总部工作多年的江金彪分析道："这与老板个人的工作习惯有关，老板十分勤奋。"赵允一开始也很难想象，但后来发现在公司很容易就能见得到宗庆后："你有什么想法也可以直接去他的办公室，他的办公室是不设防的，只要是公司的员工，有什么事都可以去找他。"

娃哈哈总部每月都会开例会，尽管非常普通，但只要不出差，宗庆后都会参加。集团党工部岑颖颖举例描述宗庆后的亲力亲为："那次我们搞活动，浙江省宣传部要来参观我们的企业文化，宗总很重视，就要自己来看一下。那时候是夏天，天气非常热，宗总在楼里跑上跑下，汗流浃背，看各种细节，交代要求把瓷砖弄干净、换一换之类的。"

办事效率非常高的宗庆后，让娃哈哈人做事都形成了效率高的风格。这也使得与许多国际公司都有合作关系的刘卫斌佩服不已："他们公司的管理效率非常高，很大的特性就是公司结构非常扁平，到现在为止也是非常扁平。这种扁平的效率，无数国际公司都一直想学，可是都学不出来。"

其次，宗庆后及时获知各类决策信息，而且信息是高质量和系统性的，以确保决策的科学性。在娃哈哈，向宗庆后直接汇报的各级管理人员有近200人，间接汇报的有150~200人，宗庆后还认识其他100多名业务骨干，对其他300多人较为熟悉。娃哈哈内部紧急问题的协商流程非常先进，娃哈哈有"双轨制"，每个部门会自己开例会，总部一级的部长每月也会开例会，宗庆后两边都会参加。这样，当有部门遇到紧急难题需要解决时，问题解决通道就非常通畅。一方面各部门部长可以上报给副总，由副总去协商安排，另一方面也可直接汇报给宗庆后，内容都是相通的。而且，相关部门都可以直接从系统中了解事情的进展情况。一旦宗庆后下发相关命令，各个部门相互配合，快速执行任务，效率就会非常高。

再次，娃哈哈拥有简单和负责任的企业文化，公司内部员工甚至供应商、经销商等利益相关者真诚负责，及时、客观地反映问题和信息。在每年举办的娃哈哈经销商大会上，宗庆后向在场的几千名经销商公布自己的电话号码："有解决不了的事情，直接找我。"那是他日常真实使用的号码。事后还真的有不少经销商给宗庆后打电话，他都是会一一接听交流。从1993年开始就与娃哈哈合作到现在的义乌经销商黄荣永说："在大会上，宗总会把电话号码都给经销商，我们经常给老板发信息，反馈市场信息，他回复得很快。对市场上反馈的信息，他是高度重视的。"

外界常说，事无巨细是企业领导者的一大弊病，但宗庆后领导下的娃哈哈却能继续高效率运行，正是因为宗庆后把自身的这种能力与组织管理完美地融合在一起，也正是因为这种高度扁平化的组织，让身处其中的娃哈哈人能高效率、高质量地完成项目。高度扁平化的组织结构具有明显的优势。

分级授权：集中指挥、统一调度

公司管理需要必要的分级授权，大公司尤其如此。娃哈哈的集团管控能力很强，一是注重集团总部的平台能力建设，业务平台和行政平台不仅要向集团下属单元发布明确的指令，更要对集团下属单元进行赋能，以提升下属单元的执行能力；二是注重集团内部的流程建设，从公司整体战略上优化总部流程，从业务有效性上完善集团下属单元的内部流程，并强调各项流程之间有机对接。

快变是快消品行业发展的最大特点。针对这一特点，多年来，娃哈哈一直沿用"高度集中的分级授权管理模式"，将全国各地的生产基地和分公司的人、财、物、产、供、销等关键要素集中起来，由集团统一控制和调度。

之前，"娃哈哈员工买把扫帚都需要宗庆后打批条"的话题在网上掀起全民热议，网友都觉得宗庆后过度集权，什么事都要插手。虽然后来宗庆后出面解释说，确实是有这么一件事情，不过那是在娃哈哈创业初期，处境比较艰难，能省的地方就要省。随着娃哈哈规模的不断扩大，宗庆后也慢慢放权，江金彪对此说："可能外面的人觉得宗总是集权的，什么都管得很细，但其实在授权范围里的，他是不需要管的，授权外的才必须由他审批。"更多时候，宗庆后对公司发展做战略把控和统一调度，具体执行会授权给下属，让他们从全局出发充分发挥自身的能力去完成任务。

娃哈哈集团总部是一个非常强大的指挥中心，许多大项目的执行都由总部统一调度资源，宗庆后在总部授权多个部门对集团进行统一指挥、协调。从总部的职能部门设置来讲，娃哈哈有两大很重要的指挥协调部门：一个是企管办，另一个是总经办。

企管办是娃哈哈的业务中枢,在娃哈哈集团中充当着重要角色:一是整个娃哈哈集团的生产调度指挥;二是参与整个公司权责流程的建设;三是参与机构一些业务流程的搭建和优化。总经办是娃哈哈的行政中枢,承担大量的对外事务、战略策划、行政办公以及生产、人力资源、财务等相关的行政工作。

比如,目前娃哈哈的生产调度是集中的,首先是供应链提出需求,需求集中到集团生产调度部门,由集团总部集中安排生产计划,把各生产计划统一安排到各个下属工厂。在这期间,各个工厂只需要按照总部指定分配的工作计划,向集团供应部门申报需要的生产材料,之后集团采购部门会集中采购原料,然后将材料发运到各工厂,工厂按照销售部门的任务要求组织生产,从工厂将生产的产品配送到经销商的仓库。娃哈哈"高度集中的分级授权管理模式",使其在全国市场进行统一营销,确保各级销售渠道价格的统一、稳定与可控,可以大大降低"冲货"乱价现象。

扁平化组织下虽然部门数量少,但部门功能不能缺少,更不能弱。宗庆后要求职能部门要具备对下属部门进行指导和考核的能力。一是指导和培训。在娃哈哈,总部对下属分公司的业务线会进行日常业务的培训,工作任务在年底要考核验收。二是保证高效的沟通支持,主要依靠娃哈哈较为发达的信息化建设来提高沟通效率。三是权责和流程建设。娃哈哈强调优化和细化集团层面的大流程和部门内部的小流程,保证整个集团流程通畅。分级授权管理，将各项权、责、利逐级分解、落实到每个人，并制定相应的规章制度、行为规范及操作程序，使企业管理有条不紊，从而保障企业的健康发展。

承包经营：全面预算与承包责任制

激励与监督是企业管理的重要内容，而且需要努力实现两者兼容，做到有监督的激励，有激励的监督。娃哈哈一方面实施全面预算，进行总体性监督，控制风险的范围和程度；另一方面实施具有承包责任制思想的激励制度，充分激发员工的工作积极性与创造性，将员工成长与企业成长有机结合。从整体上看，娃哈哈实施了一种"总体风险可控、内部能力激活"的组织制度。

娃哈哈实施全面预算制度。早期，宗庆后提出"外部做市场经济，内部做计划经济"。2002年，针对娃哈哈当时的生产情况和回款情况，宗庆后提出："我们现在内部要做计划经济，每个月报生产计划，一定要按照计划来。"这是生产方面的全面预算。直到现在，娃哈哈每年都会按照公司规划、各生产调度原则，为各工厂做出与其生产相匹配的年度成本支出预算。按其可能产生的成本，预测该生产单元支出、盈利的可能，再把盈利作为工厂的激励责任制，如年终奖与盈利直接挂钩。

2006年，娃哈哈组建合肥分公司，宗庆后将当时涪陵分公司的江金彪派往安徽，授权他全权处理分公司的组建工作。在筹建过程中，江金彪做了一个资金预算，预计分公司的规模，测算出员工工资、奖励、设备等资金投入。分公司一般没有选择购买设备的权力，娃哈哈有自己的设备公司，总部会帮忙选择好，这些都会在决定筹建之前审批好。宗庆后给了江金彪2亿元的预算额度，让他可以直接从总部支取这笔资金。

这样的举措可能会存在很大的风险，筹建分公司会涉及大量资金，而且当时江金彪进入娃哈哈才6年，经验还谈不上很丰富，宗庆后相当于是"放养"，给他更多的自主经营权。这也体现了宗庆后的大胆创新、敢于授权。"在这期间，一个人管这么庞大的资金，宗总在用人方面对年轻人是肯用的。"回想起当时的场景，江金彪仍然用充满敬佩之情的语气说道。宗庆后对他的大胆信任，反而催生了他高效办好事情的决心："娃哈哈人的目标很清晰，我当时心里就知道半个月之内必须把这件事情干出来，这个时候会想尽一切办法去攻克难题，资源不够就寻求总部资源的支援，总之一定要把这件事干好。"

娃哈哈对生产、销售各单元实行承包管理责任制，让员工主动承担责任，提高工作响应速度和执行效率，同时还做大了利润"大蛋糕"，让各方的利益更大化。比如，娃哈哈工人的收入依据工厂计件，除去保底工资收入，一半以上来自于计件工资，奖金多少与公司赚多少有很大关系。在这个机制里，承包经营的思想是很重要的，让每个部门都可以成为经营的个体。这样，公司鼓励员工做好工作，员工收益也可以与公司发展保持高度一致。

信息系统："共享与赛马"

2004年9月4日，星期六，早上6点，娃哈哈所有业务一律停止，与此同时，一场不见硝烟的战斗即将在娃哈哈的景芳基地打响，所有相关人员都在电脑前争分夺秒、挥洒汗水。最终的成果就是第二天，在娃哈哈内网上挂出的一则令人振奋的公告：R3成功上线。此后，随着娃哈哈集团8家分公司及其所有部门的月结工作在9月5日凌晨2点顺利完成上线，这些分公司第一个月的报表通过"R3系统"生成，娃哈哈就此有了自己的信息系统，ERP项目经受住了实践的考验。

娃哈哈ERP项目的建立并不容易，项目涉及面广且杂，包括娃哈哈集团销售、生产、财务、运输、人事和供应等在内的所有业务线的流程，仅财务板块就涉及生产、供应和销售等模块。为此，娃哈哈在与全球领先专业咨询机构合作完成项目平台搭建的基础上，从集团内部抽调了近80名骨干人员，由宗庆后亲自担任项目指导委员会主任，前后花费近5年时间才完成系统的全国布局工作。每个板块的搭建任务都十分艰巨，可以用搭积木来比喻搭建ERP项目的过程。娃哈哈人利用自身对集团整体业务模块和流程的熟知，为整个项目设计提供思路。

从2004年开始，娃哈哈就让经销商提前将自己的月度、年度销售计划通过ERP系统向集团总部报备。每个星期，在娃哈哈内网上都有上个星期的销售通报，内容包括上个星期的产品销售情况、销售排名情况、促销优惠政策以及这个星期的要求。在娃哈哈，经销商有一个内勤排单，可以通过ERP系统与销售公司对接报备，上报有时间规定，正常情况下每个月25日之前报20%，5日报20%~30%，15日再报20%。旺季的时候因为要抢货，经销商往往会报备整个季度的数量，但系统报备讲究精确性，报备产品换一单就要扣主管的钱。娃哈哈以此来规范经销商的计划报备。

通过系统的汇总，娃哈哈及时评估出下个月或新一年的生产销售任务，同时可以参考往年数据对时下数据进行微调。运用信息化管理，娃哈哈可以通过系统对供应链进行全面、细致地梳理，通过运算还能实现物资的最佳匹配。以发货为例，通过系统就可以及时将现有库存和供应商需求做一个梳理，就近做一个供应计划，最大效率地满足供应链各个环节的需求，大大提高了运行效率。

在生产方面，为了保证物料的正常供给，娃哈哈还专门研制出一套有娃哈哈特色的质量监管系统——娃哈哈QCS系统。以物料信息采集应用为例，娃哈哈产品种类繁多，配方复杂，原料需求量也十分巨大，有了物料信息系统后，娃哈哈就能更容易找到符合其需求的供应商，依据系统数据做出判断。有的物料，娃哈哈对应的供应商有2~3个，供应商之间不可能是完全一样的，娃哈哈就用信息化系统来挑选供应商。赵允对此描述说："用数据说话，并不是凭感觉，而是基于事实做出决策。"

现在，娃哈哈的质量管理信息化系统是一个非常全面的质量管理体系，已经精细化到对生产各环节的监控检验，能将责任锁定到个人。比如，可以查到：这个产品的生产者是谁？目前停留在谁手上？有没有在规定时间内做出来？可以追溯整个生产环节。目前，该系统还可以在手机上应用，娃哈哈迈入了一个更现代化、更便捷的信息管理体系阶段。

娃哈哈"效率为先"的企业发展文化，让它执着于一切能实现高效率完成项目的方式和手段，信息技术当然也不例外。随着企业规模不断扩大，工作任务的多样化和复杂性也随之提高，相较于人工管理，信息系统的管理模式更能降低管理成本，避免组织机构冗杂，提高管理效率。正如宗庆后所希望的那样："我们将通过ERP的实现来合理安排流程、提高效率、降低成本、实现分级授权、提高市场竞争力。"

如今，越来越多的企业正朝智慧企业的目标迈进，企业信息化管理是企业智慧化的重要基础。娃哈哈信息化管理的成功经验在于：一是战略导向的企业信息化管理，宗庆后亲自领导和参与企业信息化建设，从集团战略全局出发来顶层设计信息化布局，明确信息化建设的核心目的和主要功能；二是业务驱动的企业信息化管理，紧紧围绕企业的业务属性和流程来构思和落实信息化，信息化成为业务顺利开展的促进力量；三是有机嵌套的企业信息化管理，将总部、分部、各业务单元的信息化管理模块有机结合和嵌套，避免出现"数据孤岛"现象。

人员胜任：能上能下的"黑板干部"

人才是企业基业长青的根本资源和核心动力，所以，激活和利用人力资源是企业管理的一大重点。20世纪90年代，娃哈哈兼并了杭州罐头食品厂，并在短短3个月内就让杭州罐头厂扭亏为盈，创造了"小鱼吃大鱼"的奇迹。一个效率低下、机构冗余的国有企业，宗庆后是如何使它重新焕发生机的？答案是："黑板干部"的员工岗位考核方法扮演了重要的角色。

兼并杭州罐头厂后，宗庆后发现这家国有企业存在员工懒散和士气低落等现象，而且员工还对被娃哈哈这家小厂兼并不服气。为了解决员工管理的难题，宗庆后大刀阔斧地对杭州罐头厂进行了改革，他在大楼的走廊上挂起一面大黑板，把所有干部任免的消息都写在那块板子上。只要名字被粉笔写上去，那名干部就能立刻走马上任，行使职权；要是黑板上的名字被擦掉了，就是这位干部被免职的时候。当然，用粉笔将某位干部的名字"写上黑板"或是"擦掉"，宗庆后并不会随随便便做决定，他会进行考核和观察，从而挑选出合适的人，也会通过民主推荐和竞选来任免干部。

一个比较典型的案例是："在任命书下来之前，我完全不知道自己升职了！那时的任命书不像现在邮件一发，当时是有任命文件的，一般都是发给科长，但是当时我们科长休产假，在家里坐月子，放到别人手上了。我当时刚进公司24天，大家都不是很熟，也没有人主动来跟我说。直到文件下来的当天下午下班以后，老板把我叫上去，跟我说任命我为副科长，我就说'好的，好的'。他就问我看到文件没有，得知我不知道文件的事情，就叫办公室把文件拿回来给我看。"娃哈哈原市场部部长杨秀玲对自己升职的细节记忆深刻。宗庆后将一位进入娃哈哈只有24天、毫无关系和背景的年轻人提拔至重要领导岗位，是他"能上能下"用人理念的生动实践。

其实，宗庆后并不是无缘无故地提拔杨秀玲，他是经过了细致入微的考察的，杨秀玲正好符合宗庆后的用人标准。刚进公司那会儿，杨秀玲没有休息日，到了星期天别人休息时，她需要去检验科值班，因为器皿检验需要每天持续观察。每次值班空下来，杨秀玲就会用药品质检的标准去清洗玻璃器皿，在清洗玻璃器皿时非常严格，所有玻璃瓶洗完后还会一个个检查玻璃瓶会不会挂水珠，如果挂了就是没洗干净，所以，洗完后还会把它们拿到太阳底下一个个照。

当时，杨秀玲所在的质检科在一楼，宗庆后在三楼办公，宗庆后会走到质检科去看她洗器皿、在太阳下照玻璃瓶，还好奇地问："你这个是在干吗？为什么要照太阳？"杨秀玲向他一一解释。这是宗庆后不经意之中关注和考察员工的常见方法。宗庆后看到杨秀玲在三周的加班过程中一有空就反复、认真做这些事情，而且做了比企业要求更高的事情，把药品质量检验标准带到了娃哈哈，于是，三周后的第 24 天，杨秀玲就升职了。

宗庆后任免员工、管理员工的心态就是"能者上庸者下，优胜劣汰"。他最看重三点：一是能力，二是忠诚，三是勤奋。娃哈哈也在不断完善对各级员工的评价考核体系，全面培养和提升员工的综合素养。比如，娃哈哈每年的"工段长监督评议"活动，2017 年第二季度《娃哈哈集团报》先后刊登了《德、能、勤、绩、廉五大指标拷问基层管理干部：将员工的名义进行到底！》《工段长表现怎么样，员工说了算！》两篇文章，"工段长监督评议"是娃哈哈干部的"自我检查"，希望从多维度去认识基层干部。娃哈哈平台大、人员多，每年都有大量员工的晋级考核，职工代表大会的座谈会也是宗庆后发现人才的好机会。每年的职工代表大会，由于参会人数多，大会之后的座谈会需要分为几个组，宗庆后会一组一组地参加，从座谈会中发现和考察员工的思维能力，如果有员工思路清晰，就会受到他的关注。

娃哈哈内部干部被"擦掉"的原因有很多，但会分类具体处理。对于从事销售工作的管理人员，如区级经理、省级经理，主要考核其业绩，因为业绩水平而上上下下的情况比较频繁，区级经理常常因为一个季度业绩负增长、省级经理因为半年业绩负增长就"下来"了。对于分公司总经理，集团总部每年都会对各分公司的各条业务线进行检查，并进行考核排名，各个分公司每月都要考核，一年还有两次集中性检查，排名后10位就会进入淘汰边缘，需要进行"竞争上岗"。对于各部门的部长，他们的工作相对来说比较软性，平时的工作与宗庆后接触很多，采用定量和定性相结合的方法来排名，排名比较靠后的部门部长就会被淘汰。

因为能上能下的"黑板干部"制度，娃哈哈内部管理人员的变动较大。2017年，娃哈哈分公司总经理换了十二三个人，年底采用"竞争上岗"的形式，其中7名属于提拔任用。在娃哈哈，管理人员上上下下好多次比较常见，最多的都四上四下了，随着上上下下，薪资也会随之变化。"黑板干部"制度一方面在集团内部营造了一种危机感，让所有娃哈哈人都拥有危机意识，时刻保持警惕性，不断增强自身的胜任力，另一方面也为广大员工提供了成长的机会，娃哈哈内网经常发布公司各类招聘信息，员工在内部岗位轮动的限制非常少，只要部长、办公室成员认可，加之自身能力考核不错，就可以去其他部门去工作甚至升职，以发挥自身的能力和特长。虽然娃哈哈在不断扩张、发展，规模已是当初的几十倍，但能上能下的"黑板干部"这一管理理念一直受到宗庆后的重视，成为娃哈哈人才选拔任用的重要手段。

娃哈哈沿用多年的"黑板干部"制度体现了三方面的重要思想：第一，人才是企业发展的根本，人才工作是宗庆后非常看重的"一号工程"，不仅自己利用各种渠道和方式尽可能地发现人才，还会发挥公司覆盖全国的网络来搜寻优秀人才，尤其是对优秀大学生的积极储备；第二，用好人才比拥有人才更为重要，采用"黑板干部"制度为能者创造成长机会，果断让庸者下，既可以避免贻误市场机会和减少相关损失，又能使员工形成危机意识，从而打造努力向上的企业文化；第三，对事不对人的人才管理导向，娃哈哈采用全面和细化的人才考评体系，对不同类型的人员实施分类管理，但基本点是基于客观事实进行科学评价，用事实说话，用公开、公平的原则营造积极的选人、用人氛围。

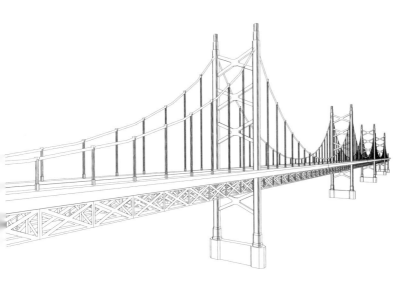

第四章

实　干

改革开放后第一个10年，20世纪80年代，中国涌现出了大批改革创新型企业家。他们从重大改革事件入手，抓住政策机遇，甚至被称为"政治型企业家"。他们牢牢把握住"实践是检验真理的唯一标准"，先行先试，勇于开拓。

到了20世纪90年代，在经济体制转型时期，经济结构发生了深刻变化，以第一代企业家为代表的中国乡镇企业家和民营企业家迎来高速发展期。他们异常活跃，将低成本的民营制造业迅速做大，甚至推动整个中国经济发生了结构性的变化。

企业家精神研究学者认为，中国诞生的第一代企业家，由于面临无前人指导、无可借鉴的环境，造就了他们的一些共性，比如冒险、创新、身体力行、艰苦奋斗以及实干精神。

他强调"实事求是"，按照实际情况做事，始终在一线解决问题。宗庆后将校办小企业办成了行业第一，在整个企业发展过程中，始终秉承的是实干精神。

宗庆后曾写下

> 筚路蓝缕，以启山林，
> 开拓者的路，
> 是一刀一刀砍出来的，
> 是一脚一脚踩出来的，
> 是一砖一瓦建起来的。
> 披荆斩棘，从无到有的路，
> 更是靠精神和意志支撑下来的，

> 这条路上有艰辛、有汗水、有积累，
> 这是我们娃哈哈的第一笔精神财富。

今天，我们用观察者和记录者的身份，从宗庆后的身上，更加深刻地理解了实干与奋斗的意义。

首先，实干是艰苦奋斗。娃哈哈的企业精神有16个字：励精图治、艰苦奋斗、勇于开拓、自强不息。从公司初创、精进、腾飞至今，娃哈哈人认为，每一个序列词组都能找到真实的对应，这16个字不长，却成为娃哈哈人的行事逻辑和行为准则。其次，实干是实事求是。宗庆后认为，真实是最可信的，所有的信号和风向标都在现场，因此，他能够做到每年几乎都在一线收集真实信息，以此作为企业发展的判断准则。再次，实干是解决问题。问题在前方，解决问题同样在前方，今天的商业环境异常复杂多变，没有解决问题的能力，机会稍瞬即逝，消费者的意识升级远远超过消费者的消费升级，企业必须拥有应对复杂环境变化的能力。最后，实干不等于蛮干。实干是扎实、认真地投入到重要工作之中，及时、敏锐地捕捉各种细微的市场信息，深入了解市场信息及其动态变化，面向终端消费者快变的需求进行科学合理的预见和应对，构筑强大的市场分析和响应能力。

娃哈哈的实干精神主要体现在三个层次（见图4-1）。一是宗庆后自身的实干精神与素养。他永远在一线，每年200多天奔波在现场，当企业出现危机的时候，他像一个斗士毫不退缩。二是宗庆后对企业性格与精神的影响。他不但能够自己秉承实干精神,更能够赋予娃哈哈人这种气质,娃哈哈人的"亮剑精神"融入骨里。三是宗庆后和娃哈哈人的实干精神成为一种范式,影响了与娃哈哈同处产业生态的其他企业,影响和引领了各企业的务实发展。

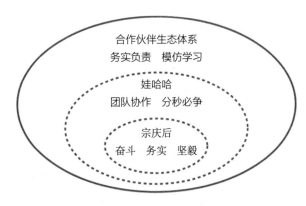

图 4-1 娃哈哈的实干精神层次图

布鞋首富

在艰苦环境下成长的这一代企业家,大部分都务实而低调,宗庆后是最典型的一位,《钱江晚报》称他是"布鞋首富",即使身价过千亿元,低调、朴实的作风也分毫未改。他非常务实,认为踏踏实实做实事最重要。他总是身穿厂服,娃哈哈如今已是行业领军企业,但他依然在创业初期那栋毫不起眼的旧楼办公室办公。

有一次,全国劳动模范会调查组处长来到位于清泰街那栋娃哈哈的办公楼，看到简朴的办公环境，开玩笑地说："这栋楼，真不像中国一哥的楼啊！"那时，宗庆后是全国首富，名声大噪，而这座陈旧简朴的小楼和"全国首富"形成了一种鲜明的对比。实际上，这么多年来，宗庆后办公室里的陈设也没有变化过，在办公室里面，常设一张床铺，印证了那句话：宗庆后一生最大的爱好就是工作。

如今，娃哈哈拥有强大的现金流、庞大的产业帝国、稳定的运营体系，但我们在娃哈哈集团里依然看到一种如同创业初期艰苦奋斗的风貌。在娃哈哈集团总部，我见到在厕所的墙上张贴着一张打印纸，上面清晰地写着换用纸巾的时间、用水情况、打扫情况等，不允许浪费的发生。我不禁感叹，这么庞大的一家企业，最高峰时800亿元的年收益，这是将奋斗精神镌骨铭心才能达到的一种状态，也是企业能够多年来保持良好的风貌和竞争力的最好表达。

务实：每年200多天在现场

宗庆后儿时过得十分辛苦，由于家境贫寒，他成年之后就离开了老家，开始了下乡生活。15年的艰苦生活并没有掩盖宗庆后的锋芒，反而锻炼了他的意志和吃苦耐劳的精神。娃哈哈在全国的网点都布满了宗庆后的脚印，一年200多天跑现场对于宗庆后而言，属于家常便饭。

食品饮料属于快消类产品，唯快不败，这注定娃哈哈必须具有迅速洞悉市场并快速响应市场的能力。勤跑市场可以直接接触到消费者，了解市场需求变化的特点，提高企业对市场的敏锐度。因此，宗庆后大多时间都跑在一线，要么在新项目投产的基地，要么在销售市场。

宗庆后主动了解市场。即使是非典时期，他也未曾停下奔走在市场一线的脚步。2003年，正值非典爆发，其他企业都放假休息，宗庆后从香港来到云南，做出了一个大胆的决定——在别人收缩的时候娃哈哈要主动进攻，主动把产品切到终端，抢先一步占领市场。他一连考察了昆明、大理等地市场，非常辛苦，由于连日奔波和高原反应，同事甚至为他准备氧气袋，之后宗庆后更是一刻不停地跑市场。事实证明，他的决定颇具成效，他的辛苦没有白费。

宗庆后用心了解市场，做市场调研时，他会非常认真细致，是一个最仔细的市场调研员。他会非常谦虚地和经销商一个一个地谈产品的售卖情况，以及公司的政策有没有致使商品质量出现问题等。通过与经销商交谈，他就能最快拿到市场反馈的第一手资料。他会仔细观察店铺和商场里产品的摆放格局和位置，细心观察顾客如何挑选商品，并时不时地和消费者及售货员聊聊，以进一步了解市场信息。

在宗庆后的带领和影响下，娃哈哈人也高度重视收集和分析市场的一手信息。比如，娃哈哈的党政建设倡导"有为有位"，即一定要有作为才有地位。娃哈哈每年的"我为销售做贡献"活动，目的是培养娃哈哈党员干部深入基层，提高其市场敏锐度。活动开展过程中，各部门发现一线销售中存在许多平时生产、研发工作中不会注意到的细小问题。当质检部人员当起售货员时就能发现销售现场有歪标的现象；部分消费者反馈产品味道太浓、太甜等，研究院、生产部、质检部等部门听到这些来自一线的声音，回去后就开始反思自己的工作。

奋斗：最大的爱好是工作

工作是宗庆后最大的爱好。一年365天，他几乎天天都在工作，出差、会议、走现场、做报告就是他每天的生活，困了就在办公室休息会儿，企业就是家。他总是亲力亲为，深入了解工作中的每一个细小环节，从一根管道的粗细、一个阀门的型号，到每一款产品的研发，他都了如指掌。创业早期，他更是一心扑在工作上，很少关注女儿宗馥莉，女儿放学回来就由几个同事帮助辅导一下。几十年如一日，爱好工作的宗庆后养成了"宗式"工作特色。

一是细心。宗庆后专注思考每一个产品细节，敏感性非常强，也十分善于取人之长，补己之短。有一次，宗庆后原本想在澳大利亚的超市买燕麦片，但不太熟悉英文的他买回来的却是洋车前子。他回来一冲泡，觉得这东西很好，经研究发现，这是代餐类的食品，于是，宗庆后马上想到，可以研制娃哈哈的新产品，由此就有了娃哈哈新一代代餐粉的诞生。娃哈哈运营副总潘家杰说："我们有时候看到一个产品，不会对它进行过多的思考，但宗总会去研究这个产品和我们的产业有没有结合度，这个产业方向是不是我们要开拓的方向。"

二是耐心。宗庆后不仅自己认真工作，也注重要把关键的工作思路准确传递给企业员工，让企业高效协同。他几乎在所有环节上都是专家，他会亲自布局和把控，为大家讲解，指导大家工作。

三是用心。了解宗庆后的人都知道，他做事专注用心，喜欢亲力亲为。有一次，娃哈哈销售公司副总经理王强林和宗庆后一起去成都出差，第二天一早，他发现宗庆后凌晨3点就起床工作，因为当天要开座谈会，宗庆后早起写稿子和修改稿子。

宗庆后喜欢自己写材料，喜欢用自己的方式来表达。正如食品研究院院长李言郡所言："我们老板喜欢自己先搞明白。"他认为，有些工作自己都没有弄明白就请他人代劳是不妥的，无法让别人真正理解自己的真实想法，会影响企业高效运行。再如，从2008年起，宗庆后不断派人去欧洲考察交流，并陆陆续续引进了许多人才。中西方不同的思想、理念的碰撞给了宗庆后很多灵感。宗庆后自己带队到最大的几家公司、食品学校、研究所进行调研，会问很细节的东西，绝不一知半解、囫囵吞枣。

四是高效。细心、耐心和用心工作可能会以损失效率为代价，但宗庆后是一位高效率工作的优秀企业家。宗庆后经常在全国各地出差和开会，行程安排基本上一天一个省。每到一个地方，有时候当地政府有接待，间歇时安排开销售会议，销售会议结束后去看车间，看完车间后走市场，晚上写通报、处理文件等。他的行程一般安排得很满，但工作效率很高。宗庆后喜欢高效率工作，就连召开全国销售大会的间隙时间也会充分利用起来，在其他人做经验交流时，他一边听一边写销售通报，以便及时布置工作任务要求。

坚毅:"你们看好公司,我去打仗"

实干需要勇于挑战困难。"达娃之争"时,宗庆后有一句让娃哈哈人刻骨铭心的话:"你们帮我把公司管好,我出去打仗去了。"当时有媒体认为宗庆后应该与达能和解,打下去会殃及员工,宗庆后则回答:"娃哈哈的所有员工我负责到底!"10多年后,我们问他,当时说这句话的底气是什么,宗庆后回答:"那个时候,我们的存款可以养到大家退休,我们有上百亿的存款。"短短几句话,就看得出宗庆后的底气。

宗庆后面对困难和挑战不屈不挠,不喜欢务虚,崇尚实干。这在"达娃之争"事件中体现得格外淋漓尽致。

实干需要有强大的士气。宗庆后、娃哈哈及其利益相关者在此次事件中都体现出了齐心协力、共克艰难的士气。一方面,宗庆后为了不影响企业正常生产经营,不向员工透露太多影响士气的事件进展。娃哈哈工程部部长郭伟荣回忆道,"这些不好的事,宗总不会向别人说,反而老是说:'既是风险,也是机会。'宗总怕打击我们的士气,所以他只是扛着,给大家鼓舞士气。"在宗庆后坚强的带领下,达能事件期间,娃哈哈员工并没有受到太大影响,还是如往常那般有序工作。

另一方面,娃哈哈的经销商等坚定不移地选择跟随宗庆后。2007年6月,宗庆后无法忍受达能董事的"欺凌与诬陷",高调请辞合资公司董事长一职,要腾出精力和时间来应对挑战。辞呈公布的第二天,娃哈哈的全国经销商、市场部和供应部职工及乐维基地、秋涛基地、下沙基地的全体员工发表6封公开信,表达抵制达能和拥戴宗庆后的决心。最富戏剧性的是,在达能的上海媒体见面会上,40多名娃哈哈员工统一着黄色上装,高举横幅,整齐地高喊"我们要宗庆后,不要达能"等口号[○]。余杭经销商徐少云回忆,达能曾经想拉拢他,但他却坚定地回复:"不管娃哈哈商标到哪里,我都是跟着宗总做。"在娃哈哈和社会各界的共同努力下,2009年9月30日,娃哈哈与达能宣布双方达成友好和解,达能将其持有的51%的股权出售给中方合资伙伴。宗庆后漂亮地打完了这一仗。

宗庆后带领下的娃哈哈"大厦"不是一蹴而就的,而是宗庆后和娃哈哈人30多年如一日的务实勤奋铸就的。一是注重坚持在一线工作中发现和解决问题,不断积累经验和洞察力,使得企业永远与市场同步发展;二是注重通过细心、耐心、用心工作来提高工作效率,使得企业拥有坚实、健康的运作基因;三是注重本职工作,勇于接受挑战和突破难关,在齐心协力做事中凝练和检验企业文化的核心价值观。

娃哈哈人的"亮剑精神"

"亮剑精神"是一种团结的力量,是一种在任务面前展现超强执行力的干劲和敢于战斗、善于战斗的实干精神。一个优秀的集体,应该具有培养英才的土壤,大到团队整体,小到团队的每个成员,都豪气当头,饱含着强大无比的凝聚力,从而

○ 王立仁. 宗庆后如是说 [M]. 北京:中国经济出版社,2010.

铸就团体势不可当的爆发力。

被媒体称为"最接近市场的企业家"的宗庆后，当初靠着卖一瓶瓶水而发家致富，创业31年，宗庆后将娃哈哈从一个由3人借贷起步的校办企业，发展成为中国饮料行业的领军企业。如今的娃哈哈早不可同日而语，但娃哈哈人最宝贵的东西始终没有变，那就是历经时代风风雨雨、饮尽市场酸甜苦辣而又不懈努力的"亮剑精神"。

娃哈哈的"亮剑精神"极具特色：一是面对重要挑战和艰苦任务，娃哈哈人齐心协力、团结互助，共同积极应对；二是面对既有的决策任务，即使是常规不可能完成的任务，娃哈哈人也不怀疑、不退缩，想方设法保质保量完成任务；三是企业家以身作则，亲自参与工作，带领和感召员工一起努力工作；四是企业尊重和回报员工的劳动付出，主动帮助员工解决生活之忧，保障员工全力以赴投入工作。

团队协作：削马蹄大会战

"水要汇聚，力要聚拢"，娃哈哈人把公司当成自己的家，用强大的凝聚力和团队精神推动企业发展。在宗庆后眼里，团队的战斗风貌是娃哈哈风雨兼程30多年不断发展的重要力量。娃哈哈的《文化足音》中有这样的描述："即便风雨载途，仍可以在贫瘠的土壤种植富有，即使困窘围城，仍能够在粗砺的环境中勇敢突围……"

我们说，大凡成功的企业，都有自己开创性的文化传承体现，比如，华为的床垫文化、腾讯的邮件文化、海尔的日事日毕。在娃哈哈，削马蹄文化最能够代表娃哈哈人的实干精神。

削马蹄大会战最早起源于娃哈哈兼并杭州罐头食品厂，早期该厂有一个很有名的产品叫作清水马蹄，在国外销得非常好。兼并杭州罐头厂后，宗庆后经过多次市场考察、研究分析，最终保留了从前做外销的清水马蹄。当时娃哈哈的清水马蹄只做外销没做内销，但后来国内某个罐头厂的水果在欧洲市场出现了质量问题，导致欧洲市场对国内的水果、蔬菜罐头不接纳，最后延伸到欧美国际市场对国内出产的罐头都不接纳。但是，娃哈哈人还是通过齐心协力"大会战"赢得了外商的好评。自兼并起一直到1995年，这期间每年的冬天，娃哈哈都会做罐头产品"马蹄爽"，外销转内销，销量态势也节节攀升。削马蹄任务周期很长，从11月下旬开始，一直到第二年的春节后，甚至到三四月。在这样的环境下，娃哈哈全体职工一起努力，鼎力合作，既保证质量，又保证时间，使得娃哈哈深受外商好评。

削马蹄大会战就来自于全员战斗：手工削马蹄。每年11月是马蹄上市的时间，公司会从余杭、安徽等地收购大量的马蹄，收购的马蹄只是经过粗加工，还不符合原料的要求，需要在生产前进行第二次精细加工。马蹄往往是白天收购，晚上运到杭州，为了确保原料的质量，当天运到的产品必须在当天处理完。只要马蹄一运到，无论是办公室文员还是车间员工，厂长、副厂长也没有特权，所有人都会抢时间一起把马蹄搬运到车间，一起削马蹄，下班后，职工也会主动跑到车间去削马蹄。

当时，每人前面放一筐马蹄，从旁边拿一个小筐反过来当凳子坐，坐着削马蹄。削之前要先用水冲，冲去表面的皮和渣，冲完后开始削，马蹄拿在手上很凉，但是不能戴手套，因为戴了以后形状就削不完整，马蹄又小，很多人的手还会被削破。

曾经有一年的一个大雪天，四辆货车同时到达，当时已经过了下班时间，员工们都回家了，通信手段还很局限，没有手机，有人就顶着寒风，骑着自行车逐一到员工家里去通知加班。大家迅速赶回厂里，一起卸马蹄，看到宗庆后也在亲自帮忙搬运，大家都很感动，虽然又冷又饿，手脚发抖，但是没有一个人抱怨也没有一个人退缩。因为大家都知道这些马蹄必须削出来，不然会变质，会影响产品质量。

至今，在娃哈哈，削过马蹄的员工就会有一种自豪感，会觉得一种经历就是一种财富。叶峥是较早参与其中的一员，对削马蹄有着特殊的感情："每年到11月时，马蹄就全部收上来了，是我们做马蹄最好的时间，这个时候是江南一带最冷的时候，但又要在短时间里把马蹄快速处理好然后生产出来，当时就把全部员工召集起来削马蹄。那时候天气也非常冷，我们就坐在罐头厂冷库前面，每人一筐马蹄，必须削完，所有人就埋头苦干，一直削，当时我还年轻，边削马蹄边心里想怎么还削不完。但是经历过那件事情的人，就会觉得削马蹄大会战已经成为娃哈哈文化中一个很特殊的事件。"

郭素珍在宣讲大会中回忆道，11月的天气特别冷，车间过道里寒风刺骨，人坐在那，很快脚就冻僵了，还有很多人的手因为长期湿漉漉的，被风吹得多了，都生冻疮了。当时，每天都会有 4～8 辆车来回运输马蹄，一天有 20 吨～50 吨的马蹄到货，车间的员工每天要削 20 筐马蹄，来帮忙的员工每天也要削五六筐，他们 5 点下班后通常要加班到八九点才能完成任务。

这就是娃哈哈很有名的削马蹄大会战，一场事关娃哈哈声誉的"战斗"，一场在逆境中奋起的"战斗"，也是娃哈哈人团队精神的缩影。单个人力量有限，但团队凝聚、通力协作，就可以释放出巨大的能量。当然，娃哈哈人之所以有如此团结的凝聚力，与领导人宗庆后的以身作则、勤奋、不怕吃苦的精神分不开，企业家的价值观和精神是企业文化最重要的来源，否则，脱离了企业家内在精神追求的企业文化就只是一种虚无的形式，难以真正产生强大的团队凝聚力和感召力。

自信干练："拉得出、打得响、过得硬"

不管在常规工作还是在新品研发上，娃哈哈人都展现出超强的爆发力和争分夺秒的"战斗风貌"。与时间赛跑、苦中求胜的战斗，对于娃哈哈人来说就像是家常便饭。在宗庆后的倡导和亲自带领下，"拉得出、打得响、过得硬"的工作作风和战斗精神也成为娃哈哈人的鲜明特色，也成为娃哈哈在快速变化的环境中不断克难攻坚、创新发展的不竭动力。

一场格瓦斯和谷物传奇的"攻坚投产战"，以精密机械制造公司为代表的娃哈哈人的感人事迹让人赞叹不已。2013 年，娃哈哈推出新产品格瓦斯和谷物传奇，在市场上引起消费者的热捧，产品供不应求，各地公司需要加班加点赶单生产。精密机械制造公司接到新产品投产需要现场改造和设备制作的任务后，部门总经理马上组织科级干部开会，布置落实工作任务并强调必须全力以赴做好新产品投产的各项工作。总经理亲自跟踪监督、现场指挥协调，现场安装、调试人员通宵达旦，加班加点焊接管道、布线调试、搭建平台，为抢工期争分夺秒，保证工期"零耽误"。

当所有零件、外购部件全部到位，满足谷物传奇摇摆器安装条件时，时间已相当紧迫，当天，部门总经理就召集安装技术骨干组成突击小分队进行安装调试。由于是新设备第一次安装，安装过程中不断出现新问题，凌晨12点，精密机械制造公司装配车间还灯火通明，部门领导干部、工程师以及安装小分队都围在设备旁，摸索解决碰到的问题。一次又一次的安装调试，安装团队始终以饱满的姿态、高涨的工作热情通力协作，埋头苦干。

刚出差回来的钳工方根龙听说童成飞、刘旭飞等同事已经通宵安装了一天一夜，他也顾不得休息马上投入到设备安装中去，一干就干到凌晨5点。电工许文才坚守在工作岗位连续奋战两个通宵，更有韩录录、尹春杰这样的女同事在现场通宵达旦地进行电路接线调试，早上8点当其他员工来上班时，她们才拖着疲惫的身体下班。大家放弃了元旦休假，上演三个通宵接力赛，铆足了劲儿一定要将设备调试出来。最后，娃哈哈人以高昂的斗志、争分夺秒的战斗风貌诠释了他们"拉得出、打得响、过得硬"的工作作风和战斗精神，克服了重重困难，全力以赴生产，打赢了这场攻坚战。

一项项"小战役"的成功积累了经验和信心，宗庆后始终保持着与员工一起"战斗"的传统，以身作则带领和感染大家迎难而上。多年前，在重要工作报告中，宗庆后几乎每次都要引用毛泽东《忆秦娥·娄关山》中那句——"雄关漫道真如铁，而今迈步从头越"，时时提醒自己，也提醒娃哈哈人，纵然是敌众我寡、身陷重围，也要有勇于赶超、毫不退缩的"战斗军魂"宗庆后不希望企业只有他一位英雄，更希望打造一支来之能战、战之能胜的英雄团队。这种英雄团队的成功打造与以下两个因素高度相关。

娃哈哈拥有尊重员工、尊重人才，不断提高团队凝聚力的历史传统。30多年来，娃哈哈始终重视建设以人为本的"家文化"，致力于打造一支"拉得出、打得响、过得硬"的钢铁队伍，不断练就娃哈哈人敢于战斗、善于战斗的实干精神。宗庆后曾说："娃哈哈几十年的发展就是依赖这支队伍而一路领先，无出其右者。"他常说："我是在为员工打工。"他认为，管理企业必须以人为本，才能把员工的心凝聚起来，从内心调动员工的积极性。

对员工而言宗庆后个人具备很强的感召力。宗庆后常说："人是最重要的因素，有了人什么事情都能做好，3万名员工同心同德朝着同一个目标前进，那么整个企业便会凝聚成强大的力量，迎风破浪，勇往直前。"在同事眼里，毫无疑问宗庆后是一个非常敬业的人，认准目标就会全力去做，同时，宗庆后又极具个人魅力，他富有激情，有领袖的特质，善于调整自已的精神状态，哪怕遭遇"达娃之争"这样艰困的事件。宗庆后朴实的作风和注重细节，在公司里面产生了很强的"煽动"效应，激励员工不断进取。正如叶峥对宗庆后的评价："宗总的个人魅力，在娃哈哈的发展过程中起到了很大的作用，因为他一直走在前面，就像我们冲锋陷阵打仗的时候，最高指挥官始终冲在前面，我们这时候怎么会往后走呢？"宗庆后的工作已经完全不是为了个人财富，更多的是一种社会责任。也正是因为如此，宗庆后带给员工更多的感动，形成了高度共享、共鸣的企业精神和团队凝聚力。

我们都是娃哈哈人

一个企业家的胸怀与境界，决定了一个企业能做多大、做多久。31年前，娃哈哈还是只有3个人的校办企业经销部，主要经营业务是售卖棒冰、汽水等。31年后，这个小小的经销部已经成长为中国食品行业的龙头企业。

娃哈哈31年的发展中，宗庆后是一个核心人员，带领娃哈哈的员工开拓产业帝国，娃哈哈"以人为本"的理念和实践也培养了一支积极进取、勇担重任的优秀队伍。创业初期，企业干部和员工不分彼此、日夜工作，寒夜削马蹄、拣瓜子，其乐融融；当企业遭遇危机时，大家众志成城、克难攻坚、越战越勇。

更为出色的是，娃哈哈的经销商、供应商等合作伙伴高度认可娃哈哈的理念和价值观，成为娃哈哈发展历程中一支不可低估的重要力量，犹如足球赛场的超级"第12人"。宗庆后是一个把"情"看得很重的人，他用"情"经商，由"情"培养起了一大批坚不可破的合作伙伴。宗庆后很早就提出了娃哈哈的经营理念"先将诚信施与人，才能取信于人"，他觉得人是以心换心的。外界很少听到娃哈哈有欠账拖款的问题，娃哈哈与所有供应商保持良好的合作关系，几乎没有过债务纠纷。

合作伙伴已然把自己和娃哈哈视作命运共同体，当娃哈哈遇到困难时，这些不是娃哈哈人的合作伙伴却把自己当作娃哈哈人，一起为娃哈哈战斗，形成了更加强大的团队力量。

理念认同：不是主人翁的主人翁

娃哈哈在自身发展过程中始终重视与合作伙伴一起成长，培育了一大批对娃哈哈高度认可和忠诚的合作伙伴。如今的许多经销商，都是创业初期与娃哈哈一起合作的那一批经销商，有的经销商早已市值过亿，却仍旧和娃哈哈保持着几十年如一日的紧密合作。他们和娃哈哈的关系早就不只是合作关系，而是和娃哈哈一同成长的"娃哈哈人"。

义乌经销商黄荣永就是与娃哈哈同享利、共进退、同成长的典型。黄荣永对与娃哈哈的共同成长之路有感而发，"我是1993年与娃哈哈合作的，我觉得宗总是个非常敬业的人，是个工作狂，而娃哈哈是个性化的企业。我现在把娃哈哈当成一份事业在做，并不是要赚多少钱，而是我对娃哈哈有感情，必须要把它做好。接下来再干10年、20年我都可以接受，我愿意跟着娃哈哈走。去年开总结大会时，我跟宗总开玩笑说：

'我从一个24岁的小伙子跟你做到现在。'"

如今看来,像黄荣永一样的经销商,与娃哈哈构成了生态关系,企业与企业之间不再是单纯的甲方和乙方,而是命运与利益共同体,而"黄荣永们"之所以将自己看成是娃哈哈的一分子,原因有三。

第一,娃哈哈拥有强大的市场品牌影响力。30多年来,娃哈哈的产品一直以营养健康著称,企业从未参与低价竞争、恶意竞争,已是食品饮料行业的引领者。以娃哈哈八宝粥为例,从上市到现在20多年,品质没变,价格也一直没变。娃哈哈注重新产品研发,每年都有多款新产品推出,形成了经典产品和新产品滚动互补式发展模式,使得经销商既有基本的收益保证,还可以不断开拓和满足新市场,实现较快成长。娃哈哈的产品质量管控能力在业界有口皆碑,经销商全然不用为处理产品质量问题而耗费时间和精力。与这样充满正能量的企业合作,可以规避很多市场风险,企业盈利就有很好的保障。宗庆后曾说:"让经销商保持对娃哈哈的忠诚度是十几年的信用造就的。"娃哈哈用它的品牌力帮经销商赚钱,很多小企业依靠娃哈哈做成了大企业,所以它们对娃哈哈有感情。

第二,娃哈哈拥有独特的市场网络体系。娃哈哈独创了联销体模式,其中的保证金制度可以让经销商与娃哈哈的利益和发展高度捆绑在一起,只要娃哈哈健康发展,经销商的利益就可以得到充分保障。娃哈哈注重运作效率,这也是经销商最为看重的,因为这直接关系到经销商的市场反应能力和渗透能力。娃哈哈的配送物流既快又准,两三天内就可精准送到二级经销商处，减少了经销商的压力，这是一般的公司做不到的。宗庆后对货物销售很重视，货物发送到各经销商处后，他会派销售人员负责销售推广和在当地投放广告，经销商只需出门面和资金，若是货物卖不出去，娃哈哈会主动帮忙调剂，以降低经销商的损失。

第三，宗庆后拥有独特的个人魅力。宗庆后在经销商眼中是无可取代的、名副其实的家长，每个经销商都有宗庆后的电话号码，有什么想法和困难可以直接与宗庆后沟通。在宗庆后眼中，经销商与企业员工并无太大差别，都是为了企业与行业甚至国家做事。危难之际见真情，在达能事件时，娃哈哈的经销商们发了联合声明给予其强有力的支持。时至今日，宗庆后还会为当年达能事件时没有一个经销商临阵倒戈而感到骄傲，他说："我们讲情义，所以经销商会感觉有安全感。"

娃哈哈重视经销商的这份"情"，真正做到了把"情"和"利"融为一体，因此与合作伙伴们建立起了商人间难得的兄弟情。这份兄弟情让娃哈哈的经销商们把自己当成娃哈哈人，与娃哈哈并肩战斗、共同发展。

学习共享：把娃哈哈模式搬回家

成功发展的企业，一般都拥有一套符合自身特点的独特的模式。由于企业内外部条件的不同，这种来自特定企业的独特模式很难被其他企业成功模仿，但其间的一些理念和做法具有启示和借鉴作用。娃哈哈在追求效率、创新、实干等方面积累了丰富的实践经验，在成就了自身辉煌的同时，也影响了许多合作伙伴。作为娃哈哈众多供应商中的一员,广西艺宇印刷包装集团的发展深受娃哈哈模式的影响。

食品是一个对安全系数要求很高的行业,质量标准严格,用料把控精准,外包装也不例外。娃哈哈非常重视质量,对纸箱印制过程的管控很严格,会对纸箱供应商的工艺进行现场考试和检查,要求每一个供应商都必须严格坚守质量安全底线,每个纸板线多少度都不能有差错,做不好要全国通报。宗庆后会把供应商叫到总部来面谈帮其改进,还会召集优秀的供应商来鞭策做得不好的供应商。当年的娃哈哈,整个供应链都很完善,招标体系公平、公开、公正。宗庆后在与供应商合作时会主动帮其一起成长,定期召开供应商会议,组织一些优秀的供应商进行宣传培训和经验分享。

1997年的广西,印刷包装厂还很少,广西艺宇印刷包装集团开始了与桂林娃哈哈的合作,与娃哈哈20年的紧密合作,林美洁董事长最大的感想是:向娃哈哈学习,与娃哈哈共同成长。

和桂林娃哈哈合作后,林美洁建立了十多家工厂,至今都还和娃哈哈合作,从娃哈哈学到了很多切实有用的东西。一是讲究规则。和娃哈哈合作比较简单,娃哈哈做事讲究公平、公开、公正,供应商只要把质量做好,招标就会很省心顺畅,这种基于能力的合作机制可以促进大家良性发展。娃哈哈团队具有很高的纯洁性、专业性和实干性。二是注重效率。娃哈哈采用扁平化的管理模式,决策速度快,执行力强,减少了合作过程中的沟通协调成本。三是企业文化。娃哈哈是家文化,让员工有家的感觉,宗庆后有家长的风范,是对中国传统的传承。四是企业家的作用。宗庆后很敬业、很勤勉,让人敬仰。合作20多年,宗庆后让供应商深切感受到幸福是奋斗出来的,不忘初心,方得始终。五是员工激励。宗庆后对员工很好,不独享财富,给他们分房,企业有很好的激励机制。林美洁说:"我们和娃哈哈的合作从没动摇过,当年纸价暴涨的时候,他们到处都找不到合适的合作商,我们就给他做。我们在合作的过程中学习娃哈哈,在细节上下功夫,模拟娃哈哈的模式。"

由于成了优秀供应商,林美洁肩负着指导其他供应商的光荣使命,她骄傲地说:"前两年,宗总还让我给他提供作业指导,他拿去给别的供应商看。"这也是在肯定和激励供应商,最大可能地激发合作伙伴的积极性。

宗庆后在娃哈哈"而立之年"时说:"现在发展要比从前容易,因为开始时一无所有,如今经过30年的发展具备了很好的基础。对娃哈哈来说,要始终牢记不忘初心、坚守实业、锐意创新。"他认为,不管是民营还是国有企业家,都要不忘初心,牢记自己的责任与使命,带领员工发展企业、报效国家、反哺社会。作为改革开放后"先富起来"的第一批中国民营企业家,无论是他所创造的社会财富,还是他的"娃哈哈模式"都折射出当代企业家对社会不忘初心的责任和精神。

第五章

本　源

世界万物从来都不简单，并且日益变得复杂。世界的自然法则极其复杂，它不是机械的、线性的、理性的，而是动态的、模糊的、感性的。我们的社会比自然法则还要不确定，它是聚变的、非线性的。如日本学者大前研一在《企业参谋》一书中所说：世界上的事物未必都是线性的，所以在分析各个因素之间的联系的时候，最能信赖的不是线性分析法，而是具有最大非线性功能的人类大脑。他在这本书中写道，企业家应该"在充分吃透事物本质的基础上，最大限度发挥人的大脑作用"。

持同样观点的还有现代著名数学家、哲学家和教育理论家艾尔弗雷德·诺思·怀特黑德，他建议，处于这样的世界之中，我们要做的就是"寻求简单，然后怀疑它"。

这就是本源思维。企业家在创业发展过程中需要处理大量错综复杂的事务，而每个人的时间又非常有限，正如2018年哈佛大学商学院战略管理大师波特教授和商学院院长诺利亚教授的一项对CEO时间管理的跟踪性研究的结论所指出的那样：优秀的企业家善于管理时间，会将时间配置到最有成效的战略性地方，同时留出时间给自己思考和反思。这就要求企业家具备剥开事物表象、抓住事物根源的能力，我们称之为"本源"。

拥有本源思维的人，思考方式都是先把简单的事情进行系统化地全面思考，然后找出那些稳定的、共同的、规律性的特征，由片面到整体，由整体再到本质。无疑，正如我们所见，宗庆后就是这种类型的企业家，他在这方面极具天赋和能力，对人对事看得透彻，擅长从本源上思考和决策。正因如此，娃哈哈才牢牢抓住了创新、诚信、品质和管理等几个关键点，不断深化和拓展，即使有突如其来的风暴，娃哈哈也不会轻易被击倒。

宗庆后的"本源"能力体现在很多方面（见图5-1）：一是通过持续不断地学习，拥有对事物的敏感性和洞察力；二是塑造个人的系统论和辩证法思维，从全局的角度来处理复杂事物；三是内心清晰认定个人和企业的初心和目标，限定自己的行为边界，在既定领域内加深认知，确保其快速和准确的决策和行动。

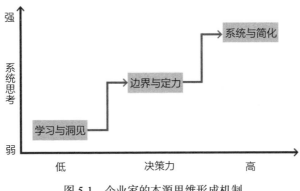

图 5-1　企业家的本源思维形成机制

学习与洞见

学无止境，宗庆后在这一点上做得很彻底。了解宗庆后的人都这样评价他：他学习能力很强，他的勤奋是少有人能超越的。宗庆后一直铭记父亲曾说过的一句话：知识就是力量，别人不学,你要学。

宗庆后有着洞悉全局和快速决策的能力,他通过大量学习并在学习中不断架构知识网,把有用的信息提炼出来,再以最快的速度传递给公司所有人。不止一个人这样描述宗庆后:他每天都要获取大量的资讯,他很善于学习,善于将知识消化然后为自己所用。

为什么宗庆后每次都能从纷繁复杂的大发展趋势中抓住发展机会?追根溯源,这得益于他三方面的物质:第一,学习能力强,他每天获取大量资讯做信息储备库;第二,深入市场一线,了解最终端的需求,迅速捕捉市场一线的"声音";第三,深耕行业,虚心向同行学习,对行业发展形成自我判断力。

值得指出的是,宗庆后不仅仅注重经验性学习,通过积累丰富的经验来指导自己的决策,还重视对新事物的探索性学习,在学习各种新鲜事物的过程中拓宽自我发展的空间,使得娃哈哈可以持续发展。

博学:杂家里的专家

对于领导者而言,学习是一门必修课,他们仿佛无师自通,超强的学习能力让他们能够迅速掌握各项知识,必然是一个杂家。但同时,他们又是精进大师,极度专注。以宗庆后来说,他常年在市场一线,参加各类行业会议,接触的信息十分广泛,平时喜欢读书、看报,在重要的问题上绝不浅尝辄止,而是要彻底弄明白。"达娃之争"期间,宗庆后把自己"逼"成了一个法律专家,他全过程参与,钻研法律条文。当时和宗庆后一起负责达能事件的法律专业人员杨永军说："他的学习能力很强，他看的书很杂，他有战略家的禀赋和事无巨细的能力，凡事都要了解透彻，在具体的细节问题上能扎下去，充分了解后，他比你（法律专家）还懂。"

事无巨细，让宗庆后接触了大量企业相关的核心知识，加之他天生具备擅长抓住事物核心的本领，又善于学习，往往一击而中，迅速找到问题的原因和解决办法。

娃哈哈有很多高管都是生产车间和技术人员出身，但他们一致认为，在专业领域上，宗庆后仿佛更专业。工程部部长郭伟荣说："他在哪个方面都懂，所以，他一下子就能发现问题。"他回忆说，娃哈哈在开发经典产品之一——娃哈哈八宝粥时，在最后的杀菌、煮熟环节，需要使用杀菌笼，每个大约400公斤，需要4个杀菌笼一并使用，在这个环节中，原来全是人工手工操作，比较危险，夏天的时候，由于天气炎热，操作工人穿着汗背心，甚至光着上身工作，极其容易烫伤。于是，宗庆后下令，亲自指导和参与开发了一个自动抬车、自动进料和除料的自动化设备，解决了高温、高危的工种难题，他亲自钻到机器里面去衡量尺寸，亲自复查，每个环节都亲力亲为，郭伟荣回忆说："他的年纪虽然大了，但动作很利索，有时比我们还快。所以各个环节，他基本上都是在现场亲自跟着一起做的。"

还有一次，公司的八宝粥生产车间温度很高，却始终找不到原因，工人们在那种高温环境下工作非常难受。宗庆后觉察后就四处转悠查看了一番，最后判断是通风设备的问题。于是，他从车间外搬来云梯，自己架上梯子爬到了房顶上，十来米高的车间房顶，相当于普通住宅的三层楼。当时宗庆后已年过六旬，为了彻底解决这个问题，他一直在房顶上待了近一个小时。

宗庆后并不是一个经验导向的老者，也从不以过往的辉煌和成功自诩，而是善于并乐于向他人学习。几年前娃哈哈成立了一个新媒体部门，里面都是一群年轻人，充满了活力。宗庆后特别喜欢倾听年轻人对新事物的心声。任职该部门的马濛雪说，"宗总很愿意听年轻人汇报、跟年轻人交流。他比较关注新媒体，很希望和90后交流，每次开会的时候宗总都会说：'你们新媒体可以来说说你们年轻人的想法。'所以说，宗总是一个很想走进年轻人、了解年轻人想法的人，他很希望能听听90后年轻人的心声，他觉得市场是需要90后的。"正是这样，宗庆后带领下的娃哈哈更加重视对年轻人的培养，让这支后生力量再创娃哈哈的辉煌，事实上，过去30多年娃哈哈的成功也建立在大量起用年轻人上。

专注：相信来自一线的声音

食品饮料属于快消类产品，市场需求多样且多变。因此，娃哈哈需要快速了解和满足市场需求，时间就是生命。宗庆后深谙此道，他十分重视来自一线的反馈，由于经常跟消费者直接接触，跟销售人员、经销商直接了解问题，所以他接触到的信息非常全面且真实、准确。

宗庆后的信息来源十分广泛，他特别喜欢接收最终端的信息反馈。为了准确、迅速地了解市场的反馈情况,他曾经向所有经销商公开自己的电话号码,告知大家有问题直接发短信。销售人员一旦发现新问题和新需求就会快速反馈,公司就会迅速做出决策和调整。

有一次,宗庆后让市场部部长李凤媛带领当时新入职的大学生职工到各地搞调研,走访了很多经销商,新人做事情认真,不会说假话,看到什么都会"傻傻地"写下来,最后形成了一份调研报告,提交给了宗庆后。宗庆后认真看完报告,让李凤媛把所有人都叫回来,召集公司主要领导一起来听这些新人的汇报,让他们把在一线看到的情况一五一十地说出来。汇报结束之后,宗庆后又组织所有的经理再汇报。通过这次调研活动,宗庆后和娃哈哈了解了某些产品滞销的原因,对如何更好地打开产品销路有了新的思路。"不要浮夸的虚饰,只留最真实的声音",这句话仿佛就是指宗庆后。

宗庆后会认真对待每一位消费者的来信。消费者给他写信,他会亲自看,一封一封地批示,然后让相关部门处理。在有些企业,这或许就交由相关部门或秘书处理了,但却失去了了解消费者想法的好机会。宗庆后非常重视市场的一手信息,想要最直观地了解消费者的需求,这样,在做决策时不会产生很大的偏差。根据市场需求不断升级创新产品是娃哈哈的看家本领,这源于宗庆后和娃哈哈人非常了解市场、消费者,做到了为消费者做产品。

宗庆后是一个经验主义者,他的经验来自于丰富生动的体验,而非沉闷无趣的冥想。曾经"供销员"的身份带给他最直观的感受就是，一线可以获取最直观、最有用的反馈，收集并及时处理这些反馈，在许多时候都能达到事半功倍的效果。但是，宗庆后又是一位探索主义者，他不希望被过往的成功经验阻挡继续前进的步伐，所以他特别喜欢和年轻人、研发人员等这些思维活跃和不受拘束的人交流，在交流中获得帮助企业创新发展的新鲜知识。

觉悟："政治学家"

优秀的政治家富有智慧和责任感、深谋远虑、顺应大势、明断速决、见微知著、胆量过人、意志坚定。优秀的企业管理者大抵也是如此。宗庆后常说："我觉得毛泽东思想在管理上还是有很大借鉴意义的。"

宗庆后15岁就开始了插队生涯，但他没有消沉，反而更加发奋学习，他一有时间就阅读军事和历史著作，尤其是对毛泽东的作品烂熟于心。这为他的商战经历造就了最坚实的理论基础与灵感来源。他将诞生在那个时代的战场理论的精华思想灵活应用到现代化商业竞争和企业管理中，并且收到了奇效。

在宗庆后看来，商场就是战场，商业就和打仗差不多，军事理论可以用在商业和管理上。毛泽东提倡"民主集中制""农村包围城市""星星之火，可以燎原"等，都对宗庆后很有帮助，他也按照这样的思想管理企业。在营销方面，娃哈哈在二、三级市场建设联销体的成功在很大程度上是对毛泽东在革命年代所创造的"农村包围城市"理论的实践。

宗庆后的企业管理理念一是推崇毛泽东的"民主集中制";二是汲取了一些国有企业决策、执行缓慢的教训,认为企业抓住市场机会就能一举成功,就必须确保决策和执行有效和迅捷,所以需要减少不必要的中间环节。宗庆后并不是固守,而是不断丰富和创新那些"政治"理论。

随着企业越做越大,宗庆后承认自己"管不过来了",于是在逐步放权,如在制定重要政策之前进行全员讨论,娃哈哈的主要干部拥有话语权,但在决策时宗庆后还是保持"专断"。宗庆后认为:"企业只能有一个拍板的人。对我而言,不同阶段,权力的定义也不同。娃哈哈最开始只有十多个人的时候,什么都是我来决定,连买台电瓶车都要到我这里签字;现在企业上万人,日常运作我的下属都可以签字,我来决定大的政策、计划、招标和投资。除此之外,我还要在新的业务上不断给他们指引方向。我长期跑市场,比较了解市场需求,而且在这里悟性也很重要,但现在组织内部有这样悟性的人还是很少,所以需要我拿出方向。"⊖

格局:站在未来看现在

美国未来学家阿尔文·托夫勒曾就预测未来说道:"唯一可以确定的是,明天会使我们所有人大吃一惊。历史是不确定的,没有人能够完全准确地预测未来,但是大致方向我们是可以估计的。"随着时代的进步,市场竞争日趋激烈,站在未来的角度掌握市场发展趋势愈加成为企业应对市场竞争、获得长

⊖ 王立仁,宗庆后如是说[M]。北京:中国经济出版社,2010.

足发展的关键。

扎根实业的宗庆后,是一位站在未来看现在的战略家。作为中国饮料行业的风向标,在娃哈哈的发展规划中,宗庆后认为要始终跟着政策走,把握市场趋势,做大方向的引领者,一定要坚持围绕需求出发,找准消费者的潜在需求。娃哈哈的发展,现今企业所处的行业地位,离不开宗庆后的战略把控,抓住市场发展的转折点,不断将娃哈哈发展壮大。

2018年4月12日,在杭州清泰街的娃哈哈集团总部会议室,当被问及娃哈哈的战略目标时,73岁的宗庆后毫不犹豫地说出这样一句话:"我们(娃哈哈)要做基业长青,要做百年老店。"宗庆后给娃哈哈的目标,不是一句随大流空喊的"口号",而是经过多年的行业分析,并结合企业实际情况做出的规划。他认为只要娃哈哈从主业出发,百年老店的目标有实现的可能:"这个行业(食品饮料行业)永远是朝阳行业,不管经济多困难,吃还是要吃的,喝还是要喝的,关键是怎么不断创新适应消费者的需要而已。"

不断地学习、汲取信息,造就了宗庆后的敏锐力与决断力。随着全球化进程的日益推进和人民生活水平的不断提高,宗庆后认为,越来越多的人将会重视提升生活品质,同时,高新技术的不断发展,也让智能制造成为引领时代发展的产业之一。因此,娃哈哈在大健康领域与高端智能制造领域进行了产业战略布局。宗庆后分析国内外市场,决定大力转向大健康领域,目前,益生菌、代餐粉等健康产品相继推出。

2017年年底,娃哈哈的高端装备部成立了销售科,这是娃哈哈为今后向市场输送智能装备提前做的战略准备，并明确了娃哈哈在高端智能装备领域寻求突破的几个重点。一是自动装车。娃哈哈人认为，人工装卸饮料箱，短期内可行，但随着经济的不断发展和劳动成本的增高，未来人工装卸会越来越少。为此，作为战略储备项目，娃哈哈正在研究饮料箱自动装车的智能化，项目上线后就可以实现经销点的自动卸车，可以对人工点位进行自动化和智能化管理。二是智能检测。利用AI智能学习、智能检测，通过数据分析，解决机器疲劳和损伤的检测。三是大数据。娃哈哈运用大数据，灵活布局高端智能制造领域。其他装备企业是为饮料行业提供装备，是一种标准的配置，但娃哈哈的装备可以量身定制，装备的灵活性和贴合度更好。

卓越的企业家也是卓越的战略家，他们善于把对未来趋势的判断用于企业现今的发展布局中，就是站在未来看现在，进而抢占市场制高点。宗庆后就是通过不断学习，从而造就了自己布局未来的战略思维，让娃哈哈总能抓住发展机会。

边界与定力

1937年，经济学家罗纳德·哈里·科斯在《企业的性质》中提出，无论是现在还是过去，企业一直非常关心的问题之一就是：为什么存在企业？在科斯看来，企业的存在降低了外部交易费用，但企业自身存在着内部交易费用，所以，内部交易费用和外部交易费用的大小就决定了企业的边界。当企业处于可与市场相互替代的治理结构状态，且两者边际交易成本相等时，企业的边界就在两者边际交易成本相等的点上。经济学家奥利弗·威廉姆森也认为，企业应该根据交易成本来确定自身的组织边界。㊀根据科斯与威廉姆森的交易费用理论，现实中企业应该有一个合理的边界，与企业规模大小、专业性、效率高低、生产力强弱等有关。当企业处于合理的组织边界时，企业的生产效率与费用成本等符合经济理性。

随着技术、经济的不断发展，以及企业自身实力的不断增强，企业家会对边界形成新的认知，边界可以被打破。但是，企业如何打破发展边界？走哪条道路？这又会成为企业家面临的新问题，因为新边界往往也充满了诱惑，企业家若没有定力，很容易深陷其中，无法自拔。

在诱惑面前保持定力，是宗庆后和娃哈哈一直坚守的本心。娃哈哈30多年来坚守实业主业，小步快跑，深耕发展，行业地位不断增强。但娃哈哈并未故步自封，它也在不断尝试探索新的发展道路，做到能进能退，探索与回归并举，最终明确了深化和延伸主业的战略思路，在转型和创新上取得了阶段性成果。

初心：坚守主业

回望娃哈哈的产品发展历程，很容易就发现无论是产品开发还是兼并融资，娃哈哈一直有一条发展主线，那就是始终围

㊀ 曾楚宏，朱仁宏. 基于战略视角的企业边界研究前沿探析［J］. 外国经济与管理，2013，35（7）.

绕食品饮料行业发展。

1987年4月，宗庆后承包了杭州市上城区校办企业经销部，开始代销文具、纸张、汽水和棒冰；

1987年7月，筹建杭州保灵儿童营养食品厂，为杭州保灵公司代加工花粉口服液；

1988年，娃哈哈有了自己的第一支产品——娃哈哈儿童营养液；

1991年，为扩大生产规模，满足市场需求，在杭州市政府的"牵线搭桥"下，娃哈哈有偿兼并国营老厂——杭州罐头食品厂，创造了"小鱼吃大鱼"的奇迹；

1992年，推出娃哈哈八宝粥，长达20年八宝粥一直是娃哈哈的王牌产品；

1996年，为了实现"产品上档次、生产上规模、管理上水平"的"二次创业"战略目标，娃哈哈与法国达能集团实行合资，共同组建5家合资公司，同年，娃哈哈又推出两款拳头产品——娃哈哈纯净水和娃哈哈AD钙奶；

1999年，推出非常可乐，打造可乐的民族品牌；

2005年，根据中国人的膳食结构和营养状况，推出娃哈哈营养快线；

2006年，娃哈哈推出又一爆款儿童乳饮料——爽歪歪；

……

在多元化战略盛行的市场，为什么娃哈哈一直坚持走主业发展的道路？宗庆后曾说："娃哈哈一直坚持主业发展。企业是否需要多元化发展，一看企业有没有需要，二看有没有能力,三看有没有条件。"在他心里,走围绕主业发展的道路是娃哈哈的持续发展之路。实际上,娃哈哈也在坚持这么做,比如,娃哈哈企业研究院的建立、博士后科研工作站的设立以及研究智能制造,都是为了更好地支持和促进主业发展。潘家杰语气自豪地说:"看我们公司就知道,很多人把我们公司定位成一家饮料制造公司,但就我自己的感觉来看,实际上我们是一家以饮料为主业的供应链公司。"

在不断变化发展的新时代,宗庆后认为企业一定要保持理性,坚守主业发展:"那种一夜暴富的时代已经过去了,这就要求我们经营企业更要谨慎、持重,保持清醒的头脑,通过做大做强主业确立和巩固自己的市场地位,从而增强抗风险能力。"宗庆后认为,企业界作为发展生产力、实现民族复兴的重要力量,肩负着深化改革、实现高质量发展等一系列时代新任务,必须要在新时代更加奋进有为,继续坚守实业强国的信念,坚持立足主业,不断改革自我、超越自我,实现高质量的发展。㊀

在世界范围内既有成功的专业化经营公司,也有伟大的多元化经营公司。是否多元化和能否成功多元化,取决于宗庆后所说的动机(需要)、能力和条件等综合因素。娃哈哈作为专业化经营的成功企业,有其共享的成功经验,即无论是专业化还是多元化,关键在于把工作做好,为客户创造更大的价值。

㊀ 娃哈哈集团宗庆后:坚持立足主业 坚守实业强国 [N/OL]. 新华网,2018,http://www.xinhuanet.com/food/2018-04/21/c_1122719370.htm?from=groupmessage.

作为一家世界性的连锁企业，沃尔玛的创始人萨姆·沃尔顿高度肯定了做好本职工作的重要性，他曾说："我对自己要创立的事业规模没有任何梦想。但是，我总是有信心，认为只要做好工作，很好地对待顾客，我们的前途一定无限。"㊀美国通用电气就曾选择把公司大多数尤其是亏本的业务剥离，只留下那些"数一数二"的业务。㊁"数一数二"的业务，就是那些市场影响力大、顾客价值高的业务，其根基就在于集聚公司力量把业务做好。

自省：边界与回归

在圣地亚哥朝圣之路的最后一站，朝圣者们会到达距离圣地亚哥大教堂 90 千米的"菲尼斯特雷角"，即 Finisterre，在拉丁语中，"Finisterre"的意思是"大地的尽头"。古罗马人统治伊比利亚半岛时期，人们认为"菲尼斯特雷角"是欧洲大陆的最西端，因为从那里再往前走一步，便是一望无际的海洋。

那时，人们用有限的视角去看，认为那个连太阳都会被淹没的地方就是世界的尽头，是世界的边界。边界将人们所熟悉的现实和一切陌生、未知的事物用一片海洋隔离开来，而未知的海洋又不断吸引着人们去探索、去触摸。后来，人们发现"菲尼斯特雷角"并非是真正的"天涯海角"。旧边界被打破后，新的边界往往又会同时形成。企业发展也是如此，需要不

㊀ 熊丽，徐达."大家长"宗庆后［N］.经济日报，2017.
㊁ 赵炎.谁决定企业边界［J］.北大商业评论，2013.

断找寻边界，打破旧边界。娃哈哈也在不断探索新的边界，在探索中放弃和进取。对于娃哈哈来说，放弃不代表失败，而是探索边界后的回归。

全球化进程加快，企业面临的竞争已不再局限于某片区域或某个国家，而是需要和全球市场竞争，在此环境下，许多传统的竞争模式因不适应发展而被淘汰，更多的企业走向创新之路，打破产品、产业边界，提升自身的市场竞争力，获取市场主动权。

娃哈哈也是如此，在坚持做大、做强、做优主业的同时向上下游延伸开发，因为当饮料主业的发展已经触到"天花板"时就需要寻找新的增长点。对娃哈哈来说，其已经拥有近百种产品，但饮料市场份额就那么大，因而也会行至"瓶颈"。2000年之后，娃哈哈就逐渐感到饮料市场扩容乏力，宗庆后认为全国都供大于求，要再扩大市场容量还需要一定的时间。宗庆后不仅关注自身发展，还关注自身发展对整个行业发展的影响。宗庆后曾形容说："对于娃哈哈而言，在食品行业已经发展得很大了，所以，再过度发展可能对整个行业不利，如果扩大规模的话就是多元化的必要。"⊖

事实上，娃哈哈一直在努力探索新的发展方向。娃哈哈的新道路尝试主要涉及两方面。一是深挖与饮料产业息息相关的产业。比如生产线设备的智能制造，饮料的大健康研发等，以

⊖ 许梦楠. 宗庆后：坚持主业 走多元化发展道路[EB/OL]. 新华网，2017, http://www.xinhuanet.com/politics/2017lh/2017-03/02/c_1120559510.htm.

此辅助主业发展，同时进行企业创新转型。二是尝试与主业有些许关联或无直接关联的全新产业。最早是娃哈哈童装、娃哈哈爱迪生奶粉，再到娃欧商场，2013年娃哈哈又宣布进军中国中低端白酒市场，一系列大动作，都是娃哈哈打破边界的尝试。

宗庆后常爱说："有机会就进，没有机会就不进。"为了企业的整体发展，即使进去了也可以退出来。童装是娃哈哈进行的第一步拓展性尝试。当时，宗庆后认为，经过多年的经营，娃哈哈在儿童市场认可度比较高，本身的品牌也适合儿童，加之当时国内童装行业群龙无首，销售额排前10名的童装品牌，排在第一名的童装品牌市场占有率仅约6%，童装市场三五年内有机可乘。但是，仅仅经历约3年的"试水"，宗庆后就收缩了娃哈哈童装产业。这一举措在当时引起了极大的反响，许多人对此"幸灾乐祸"，认为宗庆后这个决定是"早已注定""卖饮料的怎么能卖好童装""隔行如隔山，买饮料的和买衣服的不一定能直接对话"……

现如今，当被问及社会上许多人对娃哈哈转型失败的看法时，宗庆后回道："他们说我做童装失败了，实际上，童装一年盈利2000多万，在服装产业也算不错的，但对我来讲是不划算的，做服装每年要设计很多款式，交给我女儿（宗馥莉）做，她也感觉不划算。"因为宗庆后和宗馥莉认为做童装与做主业相比是个"不划算的生意"，所以就主动提前转向，收缩边界业务，为主业发展让路，并非因为经营亏损失败而被动退出。正是宗庆后和娃哈哈的不断探索，最近几年在企业创新转型上战略更加明确,沿着主业深入和拓展两大领域——大健康和智能制造并奋力前进,已经展示出了较强的市场竞争力。

定力:抵住诱惑

从战略管理上来讲,企业需要明确自身的愿景、使命和目标,集中各种资源配置到设定的业务领域,不断深耕发展和创新发展,就一定可以立足市场。作为中国知名企业之一,娃哈哈不仅持续多年快速发展、盈利丰富,而且企业与各界关系都很好,进入新产业也会得到各种支持。但是,宗庆后并没有进入房地产、金融等被许多人看好的行业,而是坚守主业、抵住诱惑。宗庆后相信:"主业做大之后,你是这个行业最强的,立于不败之地,相对来说生存空间大一点。其他的不一定那么赚钱,你的精力没那么大,懂的也没那么多。"

事实上,娃哈哈30多年来深耕主业,收益并不低于房地产、金融、互联网等热门行业,因为娃哈哈深深理解了本行业的市场需求,不仅是简单地满足需求,还在不断地创造新需求,创造更高的顾客价值。

宗庆后深知企业的根本任务就在于利润最大化,但他更知道企业利润最大化的根本力量是全体员工的努力。要促进企业长远发展,宗庆后认为远不是靠压榨员工和供应商的利益所能实现的,利他才能协同共生,创造高效益,得到高回报。

因此,娃哈哈始终把食品行业作为其主攻方向,埋头做足做好主业,努力将小产品做成大市场,踏踏实实做强娃哈哈这个民族品牌。

宗庆后在坚守实业主业上非常"固执"。娃哈哈技术副总余强兵对此深有感触:"他讲小步快跑,人家赚大钱,我们也不要眼红,只管做大、做好、做强主业,所以在人家增长比较快的年份,我们往往也可以做到很高的增长。"在宗庆后看来,实体经济是一国经济的立身之本,是财富创造的根本源泉,是国家强盛发展的重要支柱。习近平总书记在主持中央政治局第三次集体学习时提出,要大力发展实体经济,筑牢现代化经济体系的坚实基础,并于党的十九大报告中提出"建设现代化经济体系,必须把发展经济的着力点放在实体经济上"的论述。㊀

娃哈哈从不涉足房地产、证券生意,宗庆后觉得还是踏踏实实做点事比较好,不希望欠别人钱,也不希望别人欠他钱。实际上,照娃哈哈的体量与宗庆后的地位,进入房地产与金融行业并不是件很难的事情。宗庆后曾坦言:"确实,当时房地产、股票很好的时候对我们也是很大的诱惑,如果要做房地产可能我们条件更好一点,一方面我们到处投资,跟地方政府关系也比较好,而且我们这些年为当地经济发展也做出了贡献,所以你跟他要点地我看价格也不会太贵。"

娃哈哈不碰金融、房地产领域,这实际上也是宗庆后的坚守。一方面是因为相比实体经济,宗庆后对金融、房地产行业

㊀ 以实体经济筑牢坚实基础——二谈学习习近平总书记关于现代化经济体系重要思想[N/OL]. 经济日报, 2018, http://www.chinadaily.com.cn/interface/yidian/1120789/2018-02-03/cd_35638615.html.

本身没有太大兴趣。他曾直白地指出原因："其实我就愿意做实体经济，说实话，对做金融的个人来讲，其实他们是来得的快去得也快。"另一方面与经验和流程有关。虽然娃哈哈在外地建厂，土地开发成本较低，但在房地产开发这一领域，宗庆后认为太繁杂："一个是没有经验，另外一个流程多，我不太喜欢这样，就没去搞。"专注于实业主业的娃哈哈，抵住了各种诱惑，规避了产业发展风险，通过在主业的小步快跑，不断在行业前端"领跑"。

系统与简化

企业家通过不断地学习和汲取信息，形成了一个庞大的知识架构，由此衍生了常人难有的系统思维，对事物的判断有了全局观。因此，相较于常人，优秀的企业家更容易纵观全局，通过系统思维全面了解事物，对事物进行简化，尽快抓取事物的本质和核心关键点。

宗庆后在食品饮料行业有着几十年深耕的经验累积，对娃哈哈大部分流程步骤了如指掌。在此基础上，他运用系统思维对娃哈哈各业务与人员进行管理，总是化繁为简，抓住事物的本质需求与问题，从而做出高效率、高效益的决策与执行。

整体：系统思维与本质论

随着时代的发展，企业家要不断学习，从而让自己的思维方式得到转变，结合旧的思维做价值重构，进而形成新的系统

思维。在这一过程中，企业领导者要对自己所处的行业有一个本质的理解，也就是"你要做价值重构，你得知道那个价值是什么"。㊀

从表面上看，"系统思维"与"本质论"二者似乎存在矛盾，系统思维是一种全局性的思维模式，而本质论往往是对事物某些关键点的探索。实际上，二者是相辅相成的，对事物本质的探寻往往建立在对其有全面了解的基础之上，而一旦找到事物发展的本质，就会丰富系统思维能力。

没有系统思维能力，不明白事物的本质，很难做出正确的价值决断。常人看事物只观局部，类似盲人摸象，无法全面获知事物的发展情况，就无法对事物形成系统的认知，而那些拥有系统思维的人，能看到整只大象，因而更能获取到事物的本质。

在企业管理上宗庆后能做到事无巨细，既管员工又管战略，还要去市场一线。这是许多企业家做不到的。实际上，这也是源于宗庆后对娃哈哈的整体业务和外部环境的系统性熟知。

在娃哈哈的发展过程中，无论是在技术上指导员工，还是企业内部集权式的决策管理，宗庆后一直强调从事物发展的原理出发，对项目有一个全局的考虑，追寻事物本质，找到企业的核心问题并加以解决，促进企业的发展。在宗庆后身边工作多年的江金彪形容宗庆后："他是一个实用主义者，不鼓励

㊀ 陈春花. 战略最大的挑战是我们能否站在未来看现在 [EB/OL]. 搜狐网，2018, http://www.sohu.com/a/214294801_660818.

照搬西方的模式,如何抓住事情的本质,他有自己敏锐的观察力。"就以娃哈哈发展史上最艰难的"达娃之争"为例,当被问及"达娃之争"胜利的原因时,宗庆后认为原因之一就是抓住了关键问题,他说:"我仔细分析,很清楚的,就两件事情:有没有同业竞争,有没有滥用商标。抓住这两个关键问题去打,后来我们就全打赢了,向仲裁庭提交的证词,都是我自己一个字一个字修改的,他们没有我了解情况,其实很简单的,就搞清楚两件事情。"

宗庆后对娃哈哈的许多业务都有一个系统性的认知,所以,每当下属向他提交项目时,他一下子就能明白事情的全部流程,快速做出决断。比如,宗庆后对数字非常敏感,当下属向他提交报告时,经常是一浏览就知道这些数据背后的含义,知道数据是否精确。这其实也是因为他对这些项目本身就有一个系统性的认知,知道什么是关键点。宗庆后说:"这些事情,这么多,我都能处理得了,为什么?因为我太熟悉了,一来我就知道该不该做。关键是懂行,我的效率就很高,要精通很多行,也不太可能。"

抓住事物的本质,洞察问题的关键,企业就可以配置资源有效地解决问题,实现企业持续成长。资源丰富的娃哈哈并没有走多元化扩张的道路,这也源于宗庆后对娃哈哈的全局把控,对企业发展本质的深入了解。在宗庆后看来,所有企业的发展就是一个利润最大化的过程。他说:"我这个人不要名,有利就行,实际上就是要能赚钱,因为你是在搞企业,如果企业不赚钱,就不可能承担社会责任,不能纳税,不能安排就业，不能创新，不能推动社会进步。"

清朝陈澹然曾说："不谋万世者，不足谋一时；不谋全局者，不足谋一域。"①宗庆后的系统思维与本质论，与时下流行的第一性原理高度重合，两者都是一层层拨开事物的表象，抓取事物本质，从复杂的现象中抓住核心要素，从而做出更符合事物发展趋势的战略决断，实现企业高效益发展。

概化：化繁为简的极致

创新思维大师爱德华·德博诺认为："专家总是在简化其判断和决策的过程，从而让自己的生活变得越来越轻松。久而久之，他们学会了应该关注哪些重要的东西，学会了从海量数据中挑选出真正重要的信息，找到了用来区分不同情境的关键鉴别指标器，学会了无视那些可靠度较低、并非始终有效的鉴别指标器。"②

宗庆后喜欢一切简单化处理，留出更多的时间放在思考和学习上。生活中，他也是一位非常简朴的企业家。他吃得非常简单，不出差就吃总部食堂的工作餐；穿得也简单，经常是一双布鞋、一身中山装到处跑；中午休息时就在办公室后面的小床上躺一躺。杭州清泰街160号娃哈哈集团总部的那幢楼，无论怎么看都不像是中国饮料行业龙头企业的总部。

在企业管理上，宗庆后喜欢简单化管理。前面我们提到娃

---

① 出自［清］陈澹然《寤言二·迁都建藩议》。
② 爱德华·德博诺. 简化［M］. 北京：中信出版社，2017.

哈哈的组织架构非常扁平化，项目决策最多通过三层，一线到最高领导人之间的决策通道畅通无阻。娃哈哈人力资源部部长郑虹解释："宗总不喜欢把事情做得复杂，要求组织必须简单，他觉得没必要在组织架构中设置那么多环节，过去很长一段时间里，娃哈哈的组织结构更单一，连分管下面各业务部门的副总都没有，只有宗总和下面分设的各个业务部门。"在娃哈哈，一个项目执行简单到什么程度，只要是宗庆后想要关注的项目，或是遇到障碍的项目，不需要一层一层地申报通知，约会议时间，集团内部可以马上开会。通常，只要碰头会的人在认知上达到统一，事情很快就能在会上及时解决。

宗庆后有一种极致的化繁为简的能力，总是能透过事情的本质去看问题，从而不断做出简化难题的决策。已经退休的前市场部部长杨秀玲谈及老板宗庆后这一特点时深有感触，她说："宗总本人很反感那些应酬，觉得就是在浪费时间。向宗总汇报工作时，跟他对话直截了当最好，给他看太复杂的PPT就是错误，我给他看PPT一般都不超过3页，上面也不全是密密麻麻的字，第一页说核心主题，第二页说效益，两三百字就好。你要知道自己汇报的重点是什么，最好3句话就能让他知道核心内容，3句他没听到重点，他就会说'你自己先去搞搞清楚'，所以，我们管理层的能力就很强，自己都没搞清楚，怎么和宗总做汇报？"

在宗庆后化繁为简的工作风格的影响下，娃哈哈人也形成了干练的作风。质量监控部部长赵允感慨道："宗总爱说'做事要把原理找到'，这句话影响了我看待事物的方法，就是你做任何事情尤其是很复杂的事情，要先去看其中的原理。后来我就发现，无论是做技术还是质量管理，原理都是相通的。"娃哈哈这种"化繁为简"的氛围，正是其在复杂多变的商业环境中能够持续不断地快速奔跑的机制保障，也是大企业需要重点突破的难点之一。

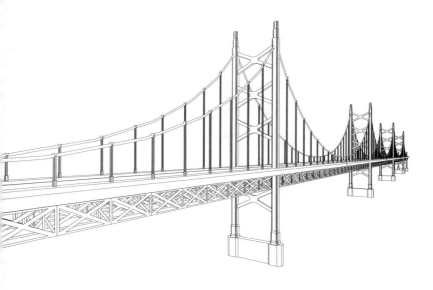

第六章

共　　享

21世纪变化如此之快让人目不暇接,太平洋世纪日渐尾声,亚太经济崛起,东方力量势不可当。史学家大卫·克里斯蒂安用六大因素——人口、技术、政治军事力量、生活方式的转型、新的思维模式与加速度来阐述这个世界的变化。他认为,一方面,人口爆炸导致科技爆炸,人口的规模优势和密度优势带来市场规模的扩大,从而促进经济增长;另一方面,技术推动医疗发展,人类在21世纪对技术的探索与精通应用催生了更多公平竞争的机会,商业由此发生了聚变。

我国的第一代企业家正是处于这样一个世纪,面对时代变迁,他们是第一批推动商业进化的人,第一次掀起经济发展的浪潮,他们身上有着明显的气质:实践先驱、命运承载者、担当精神,也就是领头羊。

比起跟随者,领头羊深知,大凡能够实现突破性发展并具备担当职责的人或者组织,一定是将各方利益看成共同体关系。在推动发展的过程中,他们越来越认为,在这个时代,各方互相联系、互相依存的程度比历史上任何一个时代都要深刻,只有利益共享、命运共同才能促进共同发展。

按照企业内驱式价值创造模型,信念产生动机,理念指引发展,行为产生结果,最终回归初心,企业做好了会怎么样,这样的循环构成企业的内生链接系统:动机–理念–行为–结果,结果就是共享。

娃哈哈崇尚并积极践行共享理念(见图6-1)。第一,共享体现在企业与政府的关系上。娃哈哈是政企"亲""清"关系的典范,在多年的发展中,娃哈哈始终保持与政府协同的状态,受政策指引,信赖政府、回报政府。第二,共享体现在企业与合作伙伴的命运共同体关系上,用联销体实现利益共享,用品牌信用实现命运共同。第三,共享体现在企业与员工的关系上。家文化是娃哈哈企业文化的核心,家长是企业文化的灵魂,员工的事情企业办是方针。娃哈哈的家文化是一种精神信仰,有很好的制度、很好的行动指南,甚至很好的文化体系,正因如此,才使得企业与员工真正实现共享,互相成就。

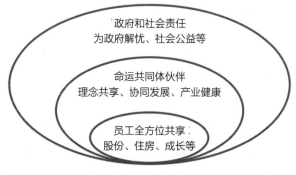

图 6-1 娃哈哈的发展成果共享模式

政企:"亲""清"关系的典范

在任何国家和地区,企业经营都要与政府打交道,如何认识和处理二者之间的关系,是每一位企业家都不得不思考的问题。娃哈哈 31 年的创业和发展之路,成功打造了"亲""清"政企关系的典范。一方面,企业发展要立足党和国家的战略布局,要积极响应和支持相关政策,使企业发展与国家发展同步；另一方面，企业要与政府保持清淡如水的关系，不做违法违纪的事情，不钻政策漏洞等，成为一家经受得住历史检验的正气企业。

担当：企业为政府解忧

作为改革开放后投入创业大潮的著名企业家，宗庆后深知自身的成功得益于党和国家的鼓励和支持，企业发展应该与国家发展紧密相连。宗庆后认为，企业家对社会最大的责任，首先是要办好企业，只有办好企业才能照顾好小家，才有能力回馈社会。因此，娃哈哈在发展过程中务实地承担企业对社会的责任，积极响应政府号召，支援当地建设，为政府分忧。为此，宗庆后进行了卓有成效的探索和实践。

一是主动了解政府需求。宗庆后政治敏锐度非常高，工作再忙他都会关注时事，随时都在关注国家发展、政府动态、国际态势等信息。他的民族情怀很强，不崇洋媚外，积极响应国家政策，扎扎实实一步步走自己的路。因此，他知道政府需要什么，能把和政府的关系处理得非常好。每次和政府的沟通都很成功，很多地方都很欢迎娃哈哈去投资。

二是主动响应政府政策。中国还有不少有待改变的贫困地区，这是党和国家的重点帮扶对象。娃哈哈积极响应国家政策和规划发展布局，很多厂都建在三线城市甚至是偏远地区，为当地政府解忧，提供就业机会和贡献财政税收。

三是真心实意求实效。宗庆后常说"输血不如造血"，造血可以带动一个产业，改变一个地区的经济。在宗庆后看来，企业应该响应政府号召创造业绩，做利税大户，解决劳动力就业问题，要创造更多的税收回报社会，吸引更多的企业来投资。娃哈哈省外扩张的第一站涪陵公司仅用一年就实现利税550万元，还安置了1000多名移民就业，带动了当地运输及配套工业的发展。

回馈：政府为企业做后盾

娃哈哈一直坚持主业经营，与各地政府积极合作，响应号召，力求实效，为当地政府创造了大量税收，解决了大量就业，成为企业服务和支持社会的典范。得道多助，娃哈哈确实做到了为政府解忧，以务实和实效来积极响应政府号召。所以，当娃哈哈遇到困难和问题时，政府也从未袖手旁观。

政府为娃哈哈解决重大问题是伴随企业一路走来的，从最初兼并杭州罐头厂开始。当时，罐头厂员工无法接受一家100多人的民营小企业来兼并他们，不仅贴大字报集体反对，还成立护厂队抵制兼并。时任杭州市委常委、市委秘书长沈者寿在进行了多番实地考察和论证后，到处奔走，说服员工，最终帮助娃哈哈成功兼并罐头厂。

1993年，娃哈哈"小鱼吃大鱼"兼并杭州罐头厂后不到两年时间，又面临生产规模不能满足需求的问题，也得到了杭州市政府的支持。娃哈哈发展进入第六个年头时，产品种类增多，产值超2亿元，老生产线和兼并后改建的生产线远远不能满足生产。于是，宗庆后向杭州市政府申请新的生产用地。面对诚实守信、务实进取、发展势头很好的娃哈哈，杭州市在用地规划上给予了娃哈哈便利，划出面积约288亩的土地给娃哈哈扩大再生产。生产基地破土动工时，杭州市委领导们还亲临开工现场，为娃哈哈新基地剪彩。

1992年，宗庆后正在印度尼西亚考察，突然接到公司传来的消息：在没有任何先兆、没有任何知会也没有任何警示的情况下，南京防疫站通过《南京日报》和南京电视台突然亮出红牌——娃哈哈果奶饮料因不符合1989年国家制定的《含乳饮料卫生标准》中有关的蛋白质和脂肪含量而被认定为"不合格产品"，禁止销售，各地报纸纷纷转载这个消息。一石激起千层浪，突然的禁令让娃哈哈人措手不及，宗庆后当即打回电话："赶紧去跟政府报告。"

杭州市政府接到这个消息后，副市长亲自带队去南京处理这件事情。这给了娃哈哈人极大的信心。当天晚上，宗庆后赶回杭州，马上向浙江省标准计量局等相关部门领导汇报南京的情况。而后几天内，浙江省标准计量局发函至江苏省标准计量局，卫生部卫生监督司也专门发文为娃哈哈正名。最终，宗庆后邀请媒体，公布相关信息，在相关部门的推动和舆论压力下，事件得以平息。这起事件是娃哈哈发展初期经历的一场重要危机事件，如今看来，在中国改革开放初期企业的发展中，政府对企业起到了很大的支撑作用。

2007年，在娃哈哈和达能的那场斗争中，娃哈哈的员工和经销商们"一边倒"地全力支持宗庆后。与此同时，全国多个地方政府纷纷发出公开声明力挺娃哈哈，杭州当地政府也多次出面调解，最终，宗庆后在员工、经销商、政府三方的全力支持下，带领娃哈哈人成功打赢了这场战争。

政府不仅为娃哈哈做后盾，还有很暖心的时候——员工睡矿泉水事件。据娃哈哈前市场部部长杨秀玲回忆："有一年我和丁培玲到武汉做活动，她管销售，我管宣传。为了第二天的宣传活动，我们搬了1000箱水放在公园里，因为怕被人搬走，我们晚上就睡在水上。当时我们也没考虑到自己的安全问题，当地政府的地接人员看我们两个女孩子躺在那里不安全，竟在我们周围保护我们。"

伙伴：从利益共同体到命运共同体

诚信与双赢是娃哈哈30多年来企业经营的基本原则。宗庆后认为，做企业首要是诚信，不仅要消费者相信你的产品，也要利益相关方能够放心地与你的合作。在诚信与双赢的基础上，娃哈哈与经销商、供应商、科研院校等机构开展了长期紧密的合作，将合作伙伴从利益共同体不断升级为命运共同体。娃哈哈不仅重视自身上下游产业链企业的健康发展，作为行业龙头企业，还关注整个行业的可持续发展，从不主动挑起低价竞争，避免行业被过度竞争拖垮。

共生：经销商的共享理念

娃哈哈成功的因素很多，从市场端看，娃哈哈与全国各地的经销商建立起了非同一般的关系，他们不断激发和支持娃哈哈研发和销售新产品，铸就了其行业龙头地位。正如2006年宗庆后在接受《东方企业家》采访时所说："我们和经销商之间不仅仅是单纯的买卖合作关系，而是共同做事业。"

娃哈哈和经销商之间一个坚不可摧的纽带是利益共享。在宗庆后看来，制造商要赚钱，首先要让经销商和供应商先赚钱，企业合作要实现利益共享。联销体模式历经20多年的苦心经营，渠道管理体系不断完善，娃哈哈编织起了一张遍及全国各地的销售网络，包括8000多个一级批发商和三四万个二级、三级批发商，使得娃哈哈与经销商形成了"双赢"的利益共同体。

娃哈哈的销售队伍分为两支，一支是内部销售队伍，另一支是经销商队伍。尽管前者是娃哈哈内部队伍，后者是外部合作队伍，但宗庆后把这两支队伍看得同等重要，完全把经销商队伍当作自己的队伍来培养、管理和帮扶，全过程地进行管理和服务，双方并不是一种简单的买卖关系。在娃哈哈内部队伍的指导和帮助下，外部经销商队伍的经营能力不断增强，企业的经营风险变小了，娃哈哈就可以深入和及时地把握产品和服务质量。

宗庆后非常尊重知识和创新，所以很愿意与经销商分享娃哈哈在创新技术上的经验，其中，会议和培训是娃哈哈传授先进知识和经验的主要方式。经销商也会把更多的新想法和创新技术转移给娃哈哈，一起合作研发更加满足市场需要的新产品，一起把市场做大做强。对此，娃哈哈销售公司副总经理王强林说："我们对经销商是一种保姆式的管理模式。首先，经销商的整个发展规划我们会帮他们一起做；其次，整个渠道的搭建、管控我们会和他们一起来商量；再次，终端日常的管理维护、陈列、软件使用、客户关系维护等，娃哈哈都会对其进行指导，和经销商一起来完成；最后，从产品到终端的供销、服务、售后甚至一些疑难问题，我们都会和他们一起面对，并帮助他们克服困难。"

在娃哈哈的悉心指导和帮助下，30多年来娃哈哈培育了一大批优秀经销商，其成为中国食品饮料行业的重要力量。2017年，在娃哈哈30周年庆典大会上，来自东莞市的虎门美源饮料贸易行同时获得了"全国优秀经销商"及"忠诚经销商"的荣誉。作为娃哈哈全国规模最大的经销商，他们从一家小副食品批发商，发展成为一家拥有员工400多名、娃哈哈产品累计销售额超过20亿元的大经销商。其负责人刘潼鹏对娃哈哈有深厚的感情："信念很重要，在最困难的时候有不少经销商放弃了，但是我们一直很有信心。"这样一家经销商，就有专门的娃哈哈品牌部，娃哈哈专职业务员80多名，负责市场销售、新品推广、专案执行。当很多制造企业都还在为如何管理自己的经销商而头疼不已时，娃哈哈的经销商却表现出了和品牌商的高度统一。

娃哈哈对经销商的付出也得到了应有的回报，经销商成为娃哈哈持续、快速发展的重要助力，娃哈哈与经销商成了休戚与共的命运共同体。比如，2007年4月10日，在达能强购娃哈哈的风波中，娃哈哈全国的经销商发出了声势浩大的联合声明："没有娃哈哈，没有宗庆后，就没有我们经销商的今天，现在我们比任何时候都渴望跟着宗总和他的娃哈哈团队继续奋斗。"所以,娃哈哈早在 20 多年前就拥有了当今盛行的生态系统思维,从利益共同体和命运共同体的角度培育和发展合作伙伴,构筑了独特的企业核心竞争力。

共长:供应商的求同发展

原材料是制造业企业发展的重要基础,优质的原材料、高响应的供应商有助于企业健康发展。娃哈哈致力于构建战略性供应商伙伴,杜邦、中国石化等诸多企业,经历了市场的波动与变化,经过了金融危机,都一直与娃哈哈保持着紧密合作关系,成为娃哈哈生态体系的重要主体。

宗庆后是一个很强调合作双赢的企业家,他希望企业与企业之间要共享发展机遇,特别是大企业与中小企业要加强合作与共享,通过共享实现共赢。在娃哈哈 31 年的发展中,以娃哈哈为中心早已形成了一大批优质供应商。

广东高州市丰盛食品有限公司是娃哈哈的供应商之一,截至 2017 年年底,已经与娃哈哈合作了 30 年。30 年来,在娃哈哈的支持和指导下,丰盛食品不断提升生产技术和管理技术,生产出符合娃哈哈高要求的桂圆产品,其出产的"桂康牌"桂圆在 2009 年通过中国绿色食品发展中心认证,成为娃哈哈主要的桂圆供应商。丰盛食品总经理罗有汉很珍惜与娃哈哈的合作和所积累的深厚感情,"30 年来,我们一直在合作,从儿童营养液就开始合作,从未间断过,合作得比较默契也比较愉快,我们一直是娃哈哈桂圆莲子八宝粥桂圆肉的最大供应商,我们把最好的桂圆都提供给娃哈哈,娃哈哈伴随我们的成长,有了娃哈哈才有我们公司的今天。"

娃哈哈与嘉吉公司的合作见证了中国果糖高速发展的时期,相比白糖,果糖的成本降低了一半,娃哈哈与嘉吉共同促进了果糖的发展。嘉吉淀粉及淀粉糖中国事业部总裁刘军对与娃哈哈的合作高度赞赏:"光靠一方很多事情是做不成的,不只是价格方面,在物流、研发等方面我们都有合作,这么多年合作下来可以说是亲密无间了,沟通也非常顺畅,大家像老朋友一样。"

共赢:行业健康力量标杆

从 1998 年开始,娃哈哈就成了中国最大的食品饮料企业,也因此成为行业竞争的焦点对象。食品饮料行业属于快消品行业,市场需求变化快,当同质化产品充斥市场时,价格竞争变得十分常见。但是,面对激烈的市场竞争,娃哈哈从不主动挑起低价竞争,因此被称为行业健康力量的标杆,既塑造了企业品牌又得了人心。

宗庆后对市场竞争有着很深的理解,他认为作为食品饮料行业的领跑企业,娃哈哈需要避免因剧烈的市场动荡和过度竞争而导致行业不可持续发展,进而影响自身企业的健康发展。宗庆后的案头每天都会摆上一大沓有关竞争对手针对娃哈哈进行的渠道抢夺和市场促销的战报。面对市场上风起云涌的价格战,很多企业都争相竞价,宗庆后却反应平平,不到最后不会打价格战,他说:"我们不会用价格战来炒作品牌,品牌也不是价格战打出来的,虽然我们不轻易打价格战,但却从进入市场的第一天起就做好了价格决胜的准备。"⊖因为在他看来，品牌建设靠的是信用，而不是价格战，信用是一切营销体系得以构建的基石，是一切交易得以达成并持续的前提。

娃哈哈更多的做法是，避开与竞争对手直接竞争，利用其产品质量和品牌优势进行差异化竞争，主要是开发多元化的新产品，寻找新的市场发展机会，如1998年推出非常可乐时就成功避开了与可口可乐和百事可乐的正面竞争，因为非常可乐主要聚焦农村市场和非一线市场；当竞争无法避免时，娃哈哈的策略也相当聪明，当竞争对手耗费很大实力抢占了一定市场时，其市场基础和后续发展实力并不稳固，此时，娃哈哈通过强大的促销等方式迅速参与竞争，往往比较容易夺回市场控制权。⊜2007年，娃哈哈和康师傅形成了正面竞争，康师傅想从水上压制娃哈哈，用低价手段与娃哈哈竞争了半年，最后，娃哈哈水的销量依然增长。宗庆后分析："实际上他们给我们清理了门户，因为它的价格战打垮了一批小企业，娃哈哈的销量反而增长了。"

2009～2011年，娃哈哈每年的营业收入都保持20%以上的增长，2012年却变成了负增长。但是，哪怕是负增长，宗庆后也依然顶住压力，不参与价格战。因为宗庆后始终觉得，作为饮料行业龙头企业的娃哈哈，如果达不到每年20%的增长，只能说明市场容量遇到了阶段性瓶颈，在这种情况下，如果企业展开恶性竞争，整个行业就会出现大问题。此时，宗庆

⊖ 王立仁. 宗庆后如是说［M］. 北京：中国经济出版社，2010.
⊜ 同⊖。

后认为，娃哈哈没有其他捷径，只有重视创新，只有不断地为自己的体系注入新的产品、新的活力。正因如此，随着市场渐趋成熟和个性化，娃哈哈不断加大产品创新力度，通过快速推出系列新产品来回应市场需求的变化，也成功避开了与其他企业的恶性价格竞争。

员工：全方位共享

在娃哈哈31年的发展历程中，宗庆后一直秉持只有和员工共享成果才能把企业做大做强的原则，始终关心员工的成长，做到了企业与员工共创共享。宗庆后在不同场合反复提到自己的观点：企业的发展离不开员工的推动，反过来，企业发展后也应该要让员工享受企业发展的成果。在这种理念的指导下，娃哈哈推出了全员持股、提高员工薪酬、解决住房、给员工成长平台等政策，与员工分享物质和精神财富，极大地调动了员工队伍的积极性。宗庆后的努力付出也得到了丰厚的回报，娃哈哈员工的凝聚力、向心力、忠诚度很高，人员流动率低，一支团结、高效的员工队伍成为娃哈哈持续快速发展的核心保障。

主人：全员持股

宗庆后实行的员工持股计划，让娃哈哈的家文化有了真情实意，让娃哈哈人真正成为企业的主人翁。20世纪90年代，为深化国有企业改革，激发企业活力，国有企业转制成为时代的大趋势。一开始带有国有性质的娃哈哈顺应时代潮流,并结合自己的发展需求,也加入到这场改革大趋势中。

1999年7月,娃哈哈第二届第四次职工代表大会在杭州下沙生产基地召开。根据国家颁布的有关政策法规和杭州上城区人民政府相关文件精神,娃哈哈拟定了《杭州娃哈哈集团公司内部职工持股方案》,在此次大会上表决。同年11月,杭州上城区人民政府批复成立组建职工持股会,娃哈哈正式改制成立持股会,并制定明确章程:新员工入职一年以上,就有资格申请购买股份持股;晋升职位后就按职位所对应的持股量确定额度,同股同酬;等到员工退休或者辞职,将当初交的钱都归还给员工。

股份制改革对于员工来说是一件他们不熟悉的新事物,但很多员工都选择相信宗庆后,积极入股。有些员工拿不出钱,宗庆后为了解决这部分员工想入股但缺乏资金难入股的问题,做了很多暖心的举措,如预发季度奖和年终奖给员工,帮助员工可以顺利买到企业的股份。

饮料公司质检员李仙兰是娃哈哈的元老级员工,也是第一批入股的员工,对于当年员工持股的改制,她说:"听到员工可以买公司的股份大家都非常激动,根据我当时的岗位、工龄、技能、贡献,我被评为操作类第二等,可以买26000元的股份。娃哈哈发展得这么好,能持股我很高兴,当时就把所有积蓄都投进去了。"现在,她的持股额已经是6万多,每年可以拿到税前5万多的分红。

2000年之后,娃哈哈实现了全员持股。2005年,娃哈哈更是打破身份界限，让外来务工人员与娃哈哈正式员工一样拥有公司的股份，实现同工同酬，按贡献分配，建立起一个面向全体员工的利益分享机制。在宗庆后看来，只有把个人利益和企业利益联系在一起，才会真正调动员工的积极性和责任心。实现全员持股，使员工真正变成企业的主人，员工真正当家做主，才会壮大队伍，推动企业快速发展。

按照员工的技能、贡献分不同等级分别来制定持股额，这也激发了员工不断努力和进步，对企业经营和管理都有好处。2004年，宗庆后在接受记者采访时说："我们是全员持股，全员持股的理念是每个正式员工都有份儿，中层以上股份不变，我们承认老员工的贡献，保留他们的股份，每年的股份也和他们的业绩相关，我们建立的是一种竞争、共享、激励的机制。"所以，全员持股并不是简单的平均主义，竞争性机制的设计更加激励了员工不仅要当企业主人，还要当一位称职、优秀的企业主人。

家人：给员工分房

安居乐业是娃哈哈善于与员工分享的又一核心内容，因为有效解决了员工们的心头大忧，娃哈哈的住房政策取得了很好的激励实效。宗庆后认为，企业就应该急员工之所急，想员工之所想，企业让员工无生活之忧，员工就会安心工作，企业就会平稳发展。

为了让员工安心为企业工作，宗庆后舍得为员工创造各种福利，其中，解决住房难的问题是一大举措。多年来，宗庆后一直致力于解决员工的住房问题,从早期的房改房,到后来的经济适用房,再到后来的廉租房和集体宿舍,娃哈哈员工一直享有一种在其他企业少见的住房待遇。叶峥曾这样解释娃哈哈的住房福利:"宗总一直觉得员工靠自己的收入买房子,是一件很痛苦的事情,尤其在一个高房价城市。他认为安居才能乐业,所以早期就把员工住房这块儿列入了企业很重要的举措中。"

对30年前杭州的普通人来说,能在这座城市拥有一套属于自己的房子,是多少人梦寐以求的事。那时能买得起房的"万元户",可以算是绝对的财力象征了。而刚起步的娃哈哈的普通员工,却很快就有了属于自己的一套房。

娃哈哈建厂初期,员工们经常没日没夜地工作,生活很艰苦,没有房子,连煤气都没有。那时宗庆后就总想着,怎样尽最大努力给员工最好的收入和福利。直到1989年,当时的产品——儿童营养液在社会上打响了知名度,得到了市场的认可,员工的福利生活才走入正轨。

1989年,公司发展起来后,宗庆后看到每日艰苦奋斗的员工们没有房子住,他看在眼里,急在心里,解决员工的住房问题便成了压在他心头的一块大石。经过多方了解和实地考察,最终他决定从厂里的奖励基金中支出资金来购买一部分商品住房,拿来改建后分配给员工住。宗庆后给员工分房的举措可以说是轰动了整个杭州。后来,随着企业不断扩大,员工人数不断增多,宗庆后就去买经济适用房,还联合地方政府建廉租房,分给员工住。

为什么要给员工分房福利，宗庆后充分体现出其单纯的大家长作风："让员工有一个家，是我一直在努力做的事，尤其房价这么高，员工生活压力大，企业就更不能不管。"娃哈哈人自然很领宗庆后这位大家长的情，感恩宗庆后为大家的付出，并用更大的努力、更多的忠诚来回报企业发展。娃哈哈原财务部部长方霞群是福利分房的第一批员工，她回忆道："当知道宗厂长要给员工分房的消息时，大家都开心到不敢相信，因为房子有差不多60平方米，在当时面积是非常大的，房子又都分布在望江门一带，上下班很方便。而且，对于我们来说，更重要的是可以搬出来独立门户，分房搬家后同事变成了邻居，生活和相互照应更方便了。大家住进去后，宗厂长还到每家每户'视察'，看看这家的采光，看看那家的格局，就如同家人般操心着员工的住房问题。"

娃哈哈政治部部长、工会主席叶峥说，"全国像这样为员工提供住房福利的企业是很少的，我们的员工基本上都有房子，我那时候买133平方米的房子才交了4万多块钱，宗总当时说：'你要是在娃哈哈服务的时间久，这房子就可送你，若是你要走，就把房子还给公司，公司也会把你交的钱退给你，你想要房子也可以按照国家相关规定补上其中的差价。'但是几乎很少有人走，大家都愿意跟着宗总做。"

有了家的感觉，30多年来很多员工都一直跟着宗庆后，为娃哈哈服务到退休。黄渭强就一直在娃哈哈工作到退休，这期间他还经历了3次分房。1992年，黄渭强进入娃哈哈，宗庆后不仅为他解决了户口问题，还给他分了64平方米的房，全家人就随他一起搬进了新居。两年后,因黄渭强家附近工地施工,生活用水成了问题,宗庆后了解后就重新给他分了一套70多平方米的房子。2006年7月,黄渭强到了退休的年纪,娃哈哈又为他争取到了万家花园150多平方米的房子,同时还给了他一笔购房补助款。

分房只是让员工分享企业发展成果的一种方式,尽管简单朴实,但成效很好,因为它切中了广大员工生活的难点、焦点。所以,从员工激励的角度看,匹配需求的激励措施才是最有效的,企业不必挖空心思去找不符合员工需求的激励方式,否则,再花哨、再先进的激励也会使员工无感。

成长:让员工获得成长的机会

在企业发展的过程中,员工不仅需要分享物质财富,还需要通过个人成长实现更大的价值。宗庆后注意到,一个企业发展得好不好,关键在于员工好不好、努不努力。所以,他把每个员工都当作自己的家庭成员,给每一个员工成长的机会,满足员工的个人职业追求。

娃哈哈为每个员工提供广阔的发展平台,只要员工想努力成长,公司都会给予肯定和积极配合。若员工发现自己更擅长在其他部门工作,都可以申请调到其他部门任职;在一个岗位做到瓶颈期,员工可以停职去进修或者读在职博士;娃哈哈还会为去国外学习的员工保留奖金和股份。在创造员工成长的机会方面,娃哈哈积累了丰富的经验。

一是大胆起用新人。宗庆后喜欢用新人,经常召开新职工座谈会,在平时的会议、活动中不断关注员工的思维逻辑和能力素养,只要员工有能力就能很快被提上去任用,所以,年轻人在娃哈哈升职很快。李新泽在娃哈哈的成长路线极具代表性,从专业技术人才快速成长为管理者。他对宗庆后不拘一格降人才、把年轻人直接放到一线去历练的用人风格感受颇深,"突然被外派到吉安公司任办公室主任兼质检科科长,突然承担两个管理岗位,那时我心里真的很茫然,好在我们质检部的领导鼓励我:'不要怕,上去了,面临一摊事情,你就会成长起来。'"在娃哈哈快速扩张期间,每年要同时建多个生产基地,上多个项目,宗庆后大胆起用大学毕业没几年的年轻人独当一面,担任生产基地建设的负责人,可以调动几亿元的建设资金。事实证明,年轻人受到高度激励,会拼命工作,圆满完成各项建设任务,同时,娃哈哈也培养和锻炼了一支优秀的管理队伍。

二是内部岗位轮岗。娃哈哈内部岗位实施轮动制,集团会对内部员工进行公开招聘,只要部门部长、办公室成员对员工认可,员工通过考核就可以升上去。2017年年底,娃哈哈就进行了总经理职位的内部公开应聘,以鼓励更多有想法、有能力的年轻人去竞聘。在娃哈哈,具有市场部工作经历的员工在做人力资源管理工作,在技术创新部门工作的员工调到企业管理部门工作,都是十分常见的事。内部岗位轮岗,让员工们更多地接触和了解公司各方面的工作内容,有助于培养员工的综合能力,更有助于树立全局观,促进跨部门、跨业务领域的协同合作。

三是新老传帮带。多年来，娃哈哈已经形成了老人带新人的师徒制传统。每当新人入职，老员工们纷纷主动报名申请指导新员工，从思想、生活、工作各方面对新员工给予细心的指导和帮助，还从未出现过有新员工进娃哈哈后师傅不愿意带的现象。宗庆后也不例外，他亲自带徒弟。外联办主任卢东刚被派到北京时还是一个初出茅庐的小姑娘，对如何处理与政府部门的关系毫无经验，宗庆后就一步一步地教她，带领她成长起来，最终使得这位朝气蓬勃的年轻人在娃哈哈实现了人生价值。

四是持续投入培训。员工原地踏步就跟不上企业发展的脚步，会制约企业发展。因此，宗庆后每年都会拿出数百万元作为培训经费，通过"请专家进来，送员工出去"的方式对员工进行培训，满足员工成长和企业发展的需要。为了确保培训效果，娃哈哈还对全体员工进行资质认证，每年做一次员工资质认证，要求员工必须参加培训，达到要求的学分和专业技术水平。娃哈哈有"青蓝计划""长青计划"等人才培养计划，对不同层级的员工采用不同的培训方式：针对蓝领工人的岗位技能培训，让员工依次考取国家认可的初、中、高级证书，还办学历提升班，让员工通过努力学习从高中生变大专生、从大专生变本科生；针对知识型员工的管理培训，如开设项目经理、创新思维、职业生涯规划、领导力培训、管理大讲堂等课程；针对管理干部的培训，主要是让他们自主学习，然后考试，师傅带徒弟，结对帮扶，验收成果。

五是内部竞赛比拼。为了更好地发掘优秀人才，娃哈哈实施内部团队竞赛制度。娃哈哈可以根据特定的任务要求鼓励员工组成团队进行攻关，一般都是两个及两个以上的团队比拼，通过项目盲测、盲评，评选出最好的团队并给予奖励，同时也帮助企业发现了优秀人才。对一些有优秀成果的技术骨干员工，娃哈哈除了给年终奖外，还评创新奖，创造机会促使员工成长。娃哈哈每年的考核指标都比上一年要高，员工评 A 就加工资、晋级，不进则退，也可说是逼着员工去成长。

第七章

双　元

早在 20 世纪 70 年代，学者们就发现组织在发展过程中存在诸多两难，比如，企业在追求效率的同时难免让流程更加标准化，高标准化会降低组织柔性，而过分强调柔性又会使标准化程度降低。⊖为了解决这类矛盾，学者们提出，组织应该同时具备两种不同的能力，即双元能力，就像人的双手同样灵巧。

对于力求持续成长的企业而言，双元理念和实践显得十分重要。由于面对复杂多变的环境，企业必须力求生存下来，这就需要企业具备利用式学习的能力。这是一种基于经验的学习方式，是对现有经验的再度开发和利用，当环境没有发生重大变化时，经验可以帮助企业提高运作效率，获取基本的利润回报。但是，基于经验的利用式学习往往会让企业出现"短视"，陷入"能力陷阱"，过度聚焦当下的成功来开展工作，对未来缺乏足够的思考和探索。此时，企业就必须具备另外一种能力——探索式学习，这是企业主动学习新知识、新技术，积极探索未来的成长机会。但问题又会出现，如果企业过度投入到这种面向未来的学习中，也会给企业带来风险，不能站稳当下，也就无法谈及未来。

因此，一家企业想要成为时代的企业，必须能够同时掌握利用式学习和探索式学习，一家基业长青的企业，理论上必然是双元理念的成功实践者。

众多案例证明，宗庆后在将用小推车卖冰棒的生意做到行

⊖ 凌鸿，赵付春，邓少军. 双元性理论和概念的批判性回顾与未来研究展望 [J]. 外国经济与管理，2010, 32 (1).

业第一的过程中，面临着复杂多变的环境，这些环境变化本质上是矛盾的。为了解决这些矛盾，在实践中宗庆后是一个双元能力的拥有者，在娃哈哈的诸多举措中，我们都能看到双元组织所应用的平衡之术。

从 31 年的企业变化中发现，娃哈哈面临的复杂矛盾关系包括三个方面。

首先是制度环境。20 世纪八九十年代，中国领导人习惯用一种叫作"渐进式改革"的方法来推进改革，这就决定中国经历了一个较长时期的计划经济转向市场经济的过程。改革开放后的前 10 年，乃至更长一段时间里，中国企业仍然处于一种"戴着镣铐跳舞"的状态，相关政策尚处于争议、讨论和变革之中，企业始终需要格外关注制度变化的新动向。

其次是市场环境。中国饮料市场最初由国家计划、引导和管理，慢慢开始市场化发展。娃哈哈在这个时候从保健品转向饮料市场，多元化、群雄并起是当时的特征。2000 年以后，外资控制中国饮料市场，企业竞争异常激烈。2010 年以后，中国市场逐渐消费升级，消费者日益上升的精神需求需要饮料企业进行新的调整。回顾整个市场变化，短短二三十年，中国市场快速经历了从短缺到过剩再到转向升级的巨大变革，企业一直在处理跟随发展与创新引领之间的矛盾。

最后是组织内部。中国的商业环境始终复杂多变，一个组织最重要的是管理者如何实现自我转变，适应环境。企业的传统做法是最高管理者制定战略，员工执行战略，这种相对稳定的组织管理结构和治理模式，在很长一段时间内让企业能够低成本、标准化、高品质地输出产品与服务。但是，环境的复杂变化，让组织不得不面对高效执行与破坏性创新的两难处境。

对于企业家来说，双元是一种思维模式和行为准则。这种企业家具备很强的辩证和矛盾思维能力，他们首先认可矛盾的存在，并能够采取相应的行动。这实际上意味着企业家拥有一个处理矛盾的超强大脑，从而解决现实环境中的冲突问题。对于企业而言，具有双元能力的组织往往需要员工具备独特的思维结构，组织通过信任、支持、绩效管理、激励等手段，培养员工的双元性思维能力，允许员工自行判断在哪种环境变化中采取哪一种思维方式，以实现组织在适应性和匹配性上的双元。㊀

双元可以解释很多企业成功的原因，也是企业能够应对复杂环境变化的有效解决途径。娃哈哈在 1987～2018 年的 31 年间，面对复杂多变的外部环境和组织内部变革，走出了一条自我把控的创新之路。这在很大程度上得益于宗庆后的双元理念和实践：娃哈哈用战略上的短期效率与长期探索解决了利用性创新与探索性创新的矛盾；用能力上的单项专长与复合能力并行完成了经验式学习与探索式学习的实践；用管理上的高度集权与自由民主弥补了单一管理方式的不足；用工作上的专注业务与生活保障平衡了家庭与工作的冲突。

㊀ 凌鸿, 赵付春, 邓少军. 双元性理论和概念的批判性回顾与未来研究展望 [J]. 外国经济与管理, 2010, 32 (1).

战略：短期效率与长期探索

30多年来，不管娃哈哈有没有制定出成文的战略规划，企业的发展战略一直是非常明确和坚定的——抓住主业、小步快跑。从战略管理来看，娃哈哈是一家极其注重提升运作效率的公司，同时也是一家高度重视创新驱动发展的公司，前者强调利用经验促进近期高效发展，后者强调通过创新创造未来发展机会。这样，娃哈哈在短期效率和长期探索上体现出了极好的双元特色，大量企业实践可以证明宗庆后一直秉持这种浓厚的双元理念。

一是产品市场双元性。比如，创业初期，娃哈哈营养液的市场销路非常好，宗庆后乘胜追击，不断扩大产能，迅速提高市场份额，企业实力得到快速增长。但与此同时，宗庆后没有被眼前的巨大成功所迷惑，主动投入开发乳饮料，经过不断的实验，才有后来娃哈哈在乳饮料市场的地位。又如，在娃哈哈发展势头非常好的时候，宗庆后花巨资购买世界最先进的设备，毅然进入了纯净水行业，并取得了巨大的成功。

二是创新战略双元性。娃哈哈以运作高效著称，在这方面持续改进和突破，比如，利用流程一体化、盖章式的标准化生产、集中性决策、团队高效执行让企业的运作效率发挥到极致。效率往往以既有的经验为基础，容易制约企业面向未来进行探索，而宗庆后给予研发人员充分的创新空间。娃哈哈很早就成立了精密仪器制造公司、食品科学研发院，近年来又组建了工程研究所，以生物工程、中医食疗为基础研发菌种和保健食品与饮料，主动适应新的消费需求。所以，娃哈哈不仅是一家注重短期效率的制造企业，也是一家极其重视创新驱动发展的高新技术企业。

三是空间布局双元性。一部分业务单元专门从事开发性活动，另一部分业务单元致力于规模化复制相对成熟的业务，在娃哈哈的下沙基地与其他基地的关系中得以体现。下沙基地被娃哈哈称为新产品的"黄埔军校"，下沙基地每年有大量的新产品做试验，数量超过100种，一个生产线可转换的品种超过100个，很多小批量、实验性的产品都在这里诞生。在下沙基地进行过探索性试验的产品，经过不断打磨后，产品性能和生产工艺等各方面逐渐成熟和固化，娃哈哈就将这些新产品布局到全国各个生产基地，快速进行大规模生产，并利用产地销优势将其推向市场。

能力：单项专长与复合能力

传统的战略管理理论倡导企业通过塑造核心能力来赢得竞争优势，核心能力意味着企业在少数特定领域形成强有力的专业能力，如创新能力、制造能力、营销能力等。这种专业性的核心能力往往具有无法被竞争对手复制和模仿的特点，从而帮助企业构建起基于差异化的竞争优势。但是，在复杂、动态变化的环境里，核心能力强的企业会存在柔性不足的问题，组织变得十分刚性，难以适应环境的变化，柯达等大公司的失败与其缺乏动态能力有关。

在复杂多变的环境中，企业主动适应环境变化需要拥有复合能力，即由多种能力要素组合起来的综合能力。在大多数情况下，企业未必拥有出众的核心能力，但拥有综合性的复合能力一方面使企业具备更强的柔性以灵活变化，另一方面由多种能力要素组合而成的复合能力更加难以被竞争对手所模仿，因为这种模仿需要从系统上理解复合能力的构造，显然并非易事。娃哈哈持续成长的成功经验表明，宗庆后不仅注重培育和增强专业性的核心能力，也重视打造复合能力，从而提升了竞争对手学习和模仿的门槛。

宗庆后一直注重企业专业特长或核心能力的培育。在创新能力方面，娃哈哈非常注重产品创新能力，创业初期几顾茅庐找到浙江大学营养学教授指导研发营养液，自主掌握了产品配方，目前对菌种的培育和研发技术处于国际先进水平，筛选出一系列乳酸菌菌种，研制出了可以代替出口菌种的直投式发酵剂，这些发酵剂在营养快线、爽歪歪产品中都有使用。近两年，娃哈哈的微生物菌种已经初具雏形，采集筛选乳酸菌菌株2000多株。在制造能力方面，娃哈哈从购买世界一流的设备和生产线开始，不断改造更新生产工艺，持续自主研制设备，最终具备了行业领先的智能制造设备研制能力。在娃哈哈，有一个部门叫作智能装备与机器人创新工作室，作为娃哈哈机电产业的核心设计团队，短短几年内就承接了多项国家重大科技专项，包括工信部"高档数控机床与基础制造装备"、国家863计划"工业机器人高精度高效率减速器开发"和"高速包装机器人及其成套装备"等。这些出众的专业特长，夯实了娃哈哈在特定领域的基础和优势，成为企业持续成长的重要保障。

宗庆后并不满足于这些"单项冠军"，作为行业领军企业，娃哈哈需要具备更强的综合竞争力。一方面，娃哈哈强调纵向复合能力的集成。在企业内部的业务链环节，强调"前道服务后道，后道监督前道"，使组织拥有了超强的复合能力；在跨企业的产业链环节，娃哈哈致力于把经销商、供应商等外部机构等同于"娃哈哈人"，实施联销体，主动培育和赋能供应商和经销商，形成了利益共同体和命运共同体，产业链上下游合作伙伴对娃哈哈的响应和协同发展能力很强。另一方面，娃哈哈强调横向复合能力的集成。娃哈哈在全国各地的生产基地和销售公司有很多，尽管它们相互之间有着很大的空间距离，但存在着多方面的联系，或竞争或合作。娃哈哈倡导员工自由流动，跨部门和跨地区都可以，人员流动就会带来知识转移和经验扩散；同时，娃哈哈倡导内部竞争，不同的生产基地和销售公司之间每天都在"赛马"，促使大家相互比拼学习，这些异质性知识极好地塑造了娃哈哈的复合能力。

管控：高度集权与自由民主

有效的集团管控一直是大企业管理的难点，因为往往存在"一管就死，一放就乱"的现象，平衡好集权和自由之间的关系并非易事。从娃哈哈30多年的发展历程来看，宗庆后很好地处理了集权和自由之间的关系，体现出浓厚的双元思想。用宗庆后自己的说法，他运用了毛泽东的"民主集中制"思路来指导企业管理。

一方面，娃哈哈采用了一种高度集权的管理模式。在组织架构上，娃哈哈很长一段时间不设副总经理，董事长、总经理、合资公司总经理都由宗庆后一人担任，减少了管理的中间环节，一两百位下属直接向他汇报，他快速决策，企业执行力很高。另一方面，娃哈哈以分级授权赋予了员工极大的自由。宗庆后认为，要做到开明，就要善于倾听和接受各界的意见和建议，激发和支持员工勇担重任和自由创新。

在处理集权与自由的关系上，娃哈哈有两个代表性事例。一是生产基地建设。娃哈哈在各地建厂时，集团总部在人、财、物的配置上拥有总体性控制权。宗庆后任命一位经理来总体管控基地建设，同时派驻负责品控、财务、行政、工程、质检的5人团队，其他事宜全部交由这位经理自由处置，这样，经理就可以根据当地的实际情况来组建团队、使用资金和安排工作进度等。所以，这些生产基地都可以在8个月内建成投产。二是研发中心建设。宗庆后给予创新部门人员极大的自由探索空间。每次研制新产品，宗庆后只会给研发人员一个大致的方向，然后鼓励大家研发，娃哈哈的很多装备、工艺、配方都是在自由宽松的氛围里自主研发创造出来的。但是，一旦新产品研制成功，接下来的生产制造和市场销售就需要严格按照总部的指令快速执行。

在实施过程中，宗庆后主张"先民主后集中"，他会坚持他的原则。娃哈哈全国的销售人员大概7000人，省经理45

人，区域经理 300 多人，客户经理四五千人，还有专门做市场的拓展人员 1000 多人，经销商业务人员在 10000 人以上。每次开经销商大会时，相关负责人会把这些信息及时向宗庆后反馈，他一般会听，先做一个判断，也就是"先民主后集中"，意思就是大家可以先充分讨论，讨论完之后形成一个共识，这可以把大部分人的意见纳入进来，达成共识后制定策略，再统一行动。

工作：专注业务与生活保障

企业注意力基础理论告诉我们，人的注意力（或资源）是有限的，人会选择性地配置其注意力，投放更多注意力的地方就更有可能实现更优的绩效。同样，娃哈哈人的注意力和精力也是有限的，宗庆后则想方设法引导和支持员工把更多的精力投放到工作之中，但同时又能够妥善地处理好工作与生活（家庭）的关系。宗庆后用"员工的事情企业办，企业的事情员工办"来精辟地总结。

娃哈哈拥有一支铁军战队，其在高效执行和开拓创新中发挥了重要作用。娃哈哈采用两大机制——激励机制和竞争机制来平衡员工的工作与生活的关系。

一方面，宗庆后非常强调员工的高效率工作。从整个公司的角度来讲，娃哈哈人始终以高效率著称，执行力非常强，团队效率也非常高。前一天宗庆后下达指令，第二天在全国范围内执行，这种效率来自于员工的主观能动性与组织机制。另一方面,宗庆后极其强调对员工的高水平激励。通过激励机制,使员工的工作积极性和创造性得到充分激发。娃哈哈全面采用物质激励、精神激励等多种激励手段,如推行全员持股,员工按贡献、能力持有不同等级的股份,使员工利益与企业发展直接相关;提供住房保障,从创业初期至今一直想方设法为员工解决住房难的问题;每年评定各类先进,大力度宣传报道先进典型,调动了员工队伍的荣誉感和工作积极性;鼓励员工内部自由流动,使得员工有机会在自己喜欢和能够胜任的岗位贡献才智,工作内容的丰富化和挑战性本身也是对优秀人才的正面激励,等等。

所以,要想让企业员工投入更多的时间和精力到工作上,当家做主、努力工作,企业需要主动为员工解决各种生活困难和难题,这也是"以人为本"的真实体现。

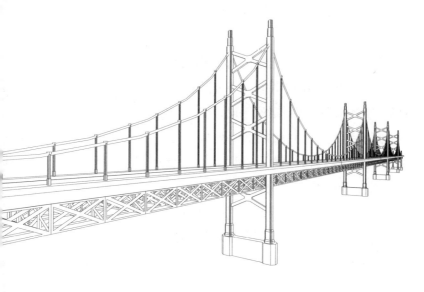

启 示

宗庆后的经营管理智慧

1990年，惠普公司共同创始人威廉·休利特说："回顾一生的辛劳，我最自豪的，很可能就是协助创设一家以价值观、做事方法和成就对世界各地企业管理方式产生深远影响的公司；我特别自豪的是，留下一个可以永续经营、可以在我百年之后恒久继续作为典范的组织。"尽管数十年后这家老牌企业经历坎坷巨变，但他所创设的惠普模式永远被世人传颂。

今天，我们之所以写下本书，也正因为如此，我们希望表达的绝非仅仅是一家老牌饮料企业31年的发展历程，而是希望探寻这家企业基业长青的基因，比如休利特认为的价值观、创新方式和变革力。

进入21世纪以后，中国企业不可阻挡地以一种高歌猛进的态势抢占世界舞台，由此迎来了中国商业觉醒的时代。中国商业模式也从最早的照搬西方理论，到实现自我突破，比如，华为开创地提出"以客户为中心，以奋斗者为本"的华为模式，永远围绕客户，以狼性的奋斗精神让企业立于不败之地；再如，腾讯的发展历程中，用户价值驱动战略最为重要，企业积极试错，拥抱不确定，感受潮流，重新定义用户，布局蓝海，形成了腾讯的科学方法论精神。

如今，我们看娃哈哈模式，之所以将其称为一种模式，是基于以下几个判断[1]：

- 娃哈哈在食品饮料行业处于第一位；
- 广受世人尊敬；
- 对行业及国家经济有重大推动作用；
- 经历过产品生命周期。

由此，我们希望能够回归企业的本质，深度思考：到底娃哈哈是一种怎样的模式？首先，我们应该从企业的内驱因素开始。

基业长青：信念内驱型价值创造模式

德国哲学家康德认为，世界哲学的问题集中在以下三个问题：我能够知道什么？我应当做什么？我可以希望是什么？前两个问题解决的是当下，属于认识论和道德哲学，最后一个问题是人类对未来的发展愿景，给未来设计一个愿景来指导人类现在的行为。康德认为，这三个问题囊括了所有人的问题，这也是他之所以在人类文明史及哲学史取得崇高地位的原因，不是来自其异乎寻常的思维能力，而是来自其深厚博大的人性。

企业也是如此，当我们研究了企业是什么、应当怎么去做

---

[1] 2002年，美国作家詹姆斯 C. 柯林斯、杰里 I. 波拉斯提出了高瞻远瞩公司所具备的特征，包括：所在行业中第一流的机构、广受企业人士崇敬、对世界有着不可磨灭的影响、已经历很多代的 CEO、已经历很多次产品（或服务）的生命周期、1950 年前创立。这批高瞻远瞩公司而后被他写成了影响至今的作品——《基业长青》，全书有数百个具体的例子，并被组织成了紧密的实用概念框架，适用于各个层次的经理人与创业者。

时，我们应该再去思考：企业可以希望是什么？成功的企业家始终最先关注的是愿景，解释为什么要创业（Why），也就是哲学中的"人类希望是什么"的问题。随后用理念解释如何创业（How），用行为解释创业做些什么（What），用结果解释创业成果和谁分享（Who）。

从娃哈哈 30 多年创业发展的成功实践来看，娃哈哈形成了一种特色化的企业价值创造模式——信念内驱型价值创造模式，如下图所示。该模式由愿景－理念－行为－结果四个层次要素构成。四个层次要素之间存在内在逻辑关系，即愿景引导理念，理念指引行为，行为产出结果，结果回应愿景。这种层次性的企业价值创造模型，可以充分回答上述 3W1H 的问题。

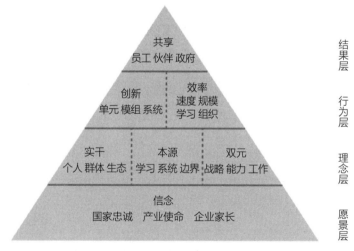

娃哈哈的信念内驱型价值创造模式

创造价值是企业基业长青的根基，娃哈哈的信念内驱型价值创造模式主要涵盖以下方面。

第一，以信念为基础，夯实企业价值创造的内驱动力。在复杂多变的商业和社会环境中，信念有助于企业家不忘初心、勇往直前。宗庆后作为老一代企业家，与新中国同命运，他对国家的忠诚度、对民族产业的振兴、对造福社会的信念比任何一代企业家都要强。在我与他的交谈中，我们更多的是讨论中美贸易的问题，他极度关注政治、外交、国家问题。在这种信念的指导下，企业的创新能力和运营效率得以最大化地发挥。

第二，以理念为指引，明晰企业价值创造的原则导向。有人说，信念太务虚了，然而理念是在思维层面，务实在操作层面。投资高手孙正义把自己的投资实践从理念、愿景、战略、领导者能力以及战术5个层面来思考，形成了自己的投资方法论。实业家宗庆后把自己的企业实践同样归结于对党和政府的信任、对市场的敬畏、对消费者的尊重。信念驱动，企业可以按照特定的理念和原则开展工作。30多年来，宗庆后用实干、本源、双元等理念去指导企业的发展，他凡事亲力亲为，以身作则。他倡导全体娃哈哈人用一种本源的思维去看待问题，企业凡事讲真理、讲科学、讲市场。娃哈哈的双元组织和文化是极具典型的，举个例子，娃哈哈最值得称道的竞争力之一是效率，从理念上理解，效率分为很多层面：单位时间内速度最快、响应最快、感受最快等。然而，效率与长效天然是矛盾体，效率越高，越注重短期结果，忽略长期效能。在这个方面，娃哈哈用探索式学习去解决长期发展问题，保留特定组织机构去寻求对未来的探索，而在经验式学习方面，将效率提高至最大。

第三，以行动为重点，打通企业价值创造的关键路径。企业价值创造是靠企业行动出来的，不同的行为模式会产生不同的现实结果。在环境动态复杂和企业资源能力受限的情况下，企业需要选择符合内外部条件的行为模式。在宗庆后的带领下，娃哈哈以创新和效率作为双轮，以高端创新能力和卓越的运营效率创造价值，促进企业快速发展。

一方面，没有一家企业不追求创新，但现实是它们更多的是对创意和模式的改造、换汤不换药的迭代。真正的创新是别人偷不走、学不会、跟不上的创新，这种创新能构筑高壁垒，提升企业核心竞争力，使企业赚取垄断利润。早期，娃哈哈也是模仿跟进创新，然后逐渐找到自己的创新点，实现了引领创新，娃哈哈打造的高端装备制造和菌种已经走在了行业前列。另一方面，企业的成败关键在于效率，尤其是在快消品行业。我从没见过一家企业的效率能做到像娃哈哈一样，外界看到的是企业在高效率运营之后的结果输出，比如快速的新产品上市、一夜之间就铺开的销售端，然而，这背后有娃哈哈独特的效率达成体系，比如组织架构、一体化生产以及产地销模式等多个方面。为此，我们前面围绕效率环节大书特书，因为这是无论传统企业还是互联网企业都必须重视的一环，我们并非说明所有企业都要像娃哈哈一样做到极致、快，但至少，效率思维应该是每一家企业都拥有的。

第四，以结果为目的，实现企业价值创造的核心追求。创造价值不是企业存在的终极目标，分配价值与企业的愿景、使命紧密相关,即企业初心之所在。随着企业不断发展壮大,宗庆后艰苦创业的目的也随之变化,从商业企业家转变成社会企业家,最终实现企业财富与企业内部员工、外部合作伙伴以及国家和社会共享,进一步增强了企业持续发展的动力。

娃哈哈信念内驱型价值创造模式的成功经验证明,"利润之上的追求"的愿景和使命,才是企业基业长青的真正初心。以经济利益为根本追求的企业,往往会迷失持续发展的动力和方向,结果大多是或飘忽或沉沦,这种案例在以往 40 年间并不鲜见。

竞争优势:从核心专长到复合能力

企业和行业都呈现出一定的生命周期特征:孕育、起步、兴起、腾飞、成熟、蜕变,所以,现实中的企业或处于追赶阶段,或处于引领时期,真正实现从追赶到引领跨越的企业并不多。从 1987 年创办到 2018 年这 31 年的发展历程,从一个校办小厂成功发展成为行业领军企业,娃哈哈不仅顺应了时代大发展的良机,更是企业自身努力的结果。企业立足于市场,为市场创造价值,就必须具备特定的能力。从商业逻辑来看,娃哈哈的核心竞争力体现在复合能力上的突破,而不是所谓的特定专长或核心能力。

第一,组合企业内部多个运营环节,构建复合能力。保持持久竞争力的企业通常不会只具备一种核心能力,无论是创业初期还是成熟发展期,与更快地创造利润相比,更重要的是打造一个持续创造利润的竞争体。创业初期，在娃哈哈资源相当匮乏的情况下，宗庆后高度重视产品创新和生产制造等，如创业之初就多次上门邀请浙江医科大学（现浙江大学医学院）营养学专家研发儿童营养液，聘请胡庆余堂专家研制和优化生产工艺。同时，在大众眼里，娃哈哈是一家市场营销能力出众的企业，宗庆后在营销策略方面采取了一系列行之有效的新举措，被冠以"营销大师"的称号。这样一家新创企业事实上已经在产品研发、生产制造、质量管理、市场运营等多个方面进行能力建设，构筑起了多方面的能力优势，成为其早期快速发展的重要原因。

第二，加强企业全产业链建设，打造超级复合能力。没有一家企业能靠单一技术创新赢得整个市场，这是几乎不存在的事情。决定企业失败的往往是木桶最短的一根木板，最近有很多声音提出反木桶理论，提倡个性化、定制化，但是真正决定企业实力的还是规模化后的总体竞争力。不少工业行业可以实现规模化生产，但是，任何一个环节都会造成整个体系的崩塌。娃哈哈在全产业链条建设方面非常重视复合能力，注重在原材料采购、产品创新、生产制造、品质控制、市场渠道等整个产业链环节的能力建设，靠复合能力形成企业持续发展的坚实基础。

娃哈哈不断扩大，在度过早期创业生存期之后，宗庆后开始搭建企业的全产业链建设。比如，在产品创新端，不断加大资金和人才投入，将部门级的创新中心扩展为公司级的创新研究院，实现从模仿创新到自主创新的成功升级；在生产制造端,不仅注重引进世界先进的生产设备和流水线,更加注重在此基础上进行消化改进,并成立自己的设备研制公司,制造装备自主研发和自主生产能力已经领先行业;在市场运营端,独创了联销体和产地销模式,动态优化覆盖全国的市场渠道网络,市场响应和服务能力出众;在质量管控端,以国标和行标为底线,不断提高和完善企业的质量安全标准体系,实施了"后道监督前道"等众多接地气的质量管理理念和方法,产品质量声誉赢得消费者认可,等等。

之所以提出复合能力观,是因为与流行西方和深刻影响中国企业的核心能力观不同,复合能力观更加符合过去40年的中国国情和中国企业实际。核心能力观要求企业塑造出竞争对手难以模仿和复制的独特能力要素,如技术创新能力,以此作为市场竞争的突破点,和竞争对手形成明显的差异化竞争优势。不可否认,这是一种可以用来指导企业发展的理论视角。但是,核心能力的养成并不是一蹴而就的。首先,企业需要在特定方面具有较好的特色基础;其次,市场对企业和产品存在较高的差异化需求;最后,市场和社会环境的变化相对稳定。然而,现实情况并不是这样,改革开放以来的中国民营企业,底子都很薄弱,难有特色或专长基础,打造核心能力需要花费较长的时间,同时,市场需求增长较快,但企业总体上尚处于从粗放发展向个性化转型发展阶段。在此情况下,率先赢得市场的往往是那些短板较少、综合能力较强的企业,当然那些专注特色特长的企业也可以立足于细分的利基市场。

更重要的是,随着市场和社会环境的快速变化,复合能力往往优于核心能力，因为核心能力使得企业在特定领域具有强劲的竞争优势，如技术创新、市场营销，但随着技术创新变革加快加深、市场消费需求升级转型，既有的核心能力往往会强化自我优势点，使组织缺乏足够的柔性和动态能力。因此，核心能力反而成为企业应对环境变化的障碍因素，柯达、摩托罗拉等公司的衰落和失败就是很好的例子。复合能力则不同，它强调企业从多方面构建综合能力，不过分追求"强项"，但强调补足"短板"，具备善于应对复杂多变环境的本领。娃哈哈之所以能在市场竞争激烈、需求快变的行业持续发展30多年，主要不是归因于企业特定方面的能力，更多是缘于其在产业链各环节和企业内部运营流程各环节的综合能力（见下图）。

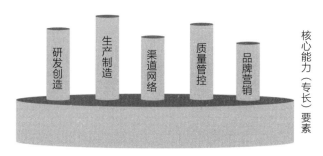

企业核心能力与复合能力示意图

路径突破：寻找特色发展的聚力点

相对于外部环境变化的挑战，企业的资源和能力总是有限的，因此，企业需要将有限的资源和能力配置到效用最大化的地方，以实现差异化和特色化发展。娃哈哈在注重培育和增强企业复合能力的同时，成功地找到了聚力发展的两个着力点，即创新和效率。

值得强调的是，对于身处快速变化的快消品行业的娃哈哈而言，创新能力和运行效率是其立足市场的必要条件，也是同行竞争的焦点所在。作为行业领军企业，经过30多年的创业和发展，娃哈哈在创新和效率两方面形成了独特的模式和经验。

一是"单元－模组－系统"多层创新体系，构筑企业持续创新能力。

早期，许多外国投资者认为他们的中国同行只是一些简单的低成本竞争对手，但这些中国企业在产品与服务方面的竞争能力使他们大为吃惊。经过不懈的探索学习，中国企业找到了一条适合自己的发展道路，中国最优秀的企业正以无法预料的速度发展，并形成具有竞争力的供应链体系、品牌、研发实验室和生产设施。㊀

今天，摆在企业面前的是更复杂多变的外部环境，尤其是消费者日益变化的个性化需求，这就要求企业创新不仅是开放式，而且是体系性的，封闭和局部的创新难以满足外部环境的要求。娃哈哈的创新体系为"点－线－面"，在企业价值链环节由点及线，做到了产品、设备、工艺、渠道、营销、品牌的

㊀ 陈春花. 中国企业的下一个机会［M］. 北京：机械工业出版社，2008.

全链创新；在外部生态构成中，产品市场端的经销商伙伴与要素市场端的供应商、研发机构形成了深度协同创新，探索出了一整套行之有效的创新体系（见下图）。

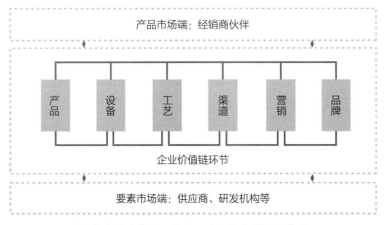

娃哈哈的"单元－模组－系统"多层创新体系

（1）以单元创新为基础，夯实企业创新的关键点。创新不是一蹴而就的，不是对技术的简单抄抄改改、模式的改造与修正。和绝大多数中国企业类似，限于资源和能力，早期的娃哈哈也是从模仿创新开始，但30多年发展下来，娃哈哈的创新从单点开始，动态螺旋式上升，始终重视提升企业价值链各环节的创新能力。娃哈哈起初重视产品研发，之后是设备改进、工艺优化、渠道变革、营销组合、品牌创造等各单元的创新投入，单元创新能力已经总体领先行业。现在，娃哈哈每年可以研发出上百个新产品，具备了智能制造设备自主研发能力，独创的联销体模式不断优化，等等。这种单元创新能力夯实了企业创新发展的关键点，有些单元还成为企业差异化竞争优势的重要来源。

（2）以模组创新为重点，编织企业创新的连接线。像木桶理论中的那根长板，单元创新使得娃哈哈在企业价值链的特定环节拥有竞争力，但未必可以形成各环节之间的协同发展，反而可能由于企业存在短板而制约企业综合能力的提升。单点竞争优势无法真正帮助企业实现持续发展，企业需要强调单元之间的协同创新。今天，无论是农业企业还是工业企业，支撑企业处于不败之地的是体系的强大，娃哈哈是一家老牌制造业企业，产品可以通过工业化生产做到标准化、一致性，但企业想从单元创新升级为支撑企业创新的体系，必须做到单元之间的协同。娃哈哈在很多方面都成了同行业的开拓者。如生产端，娃哈哈的基地遍布全国，采用的是一种乐高搭积木式的方法，迅速复制、拼接，我们将这种模组拼接形容为卯榫，如它的并联式作业法，在生产基地建设中这种作业方式最大的优势是将各个单元进行组合，像卯榫一样无缝对接，大大提高了效率。再如，创新质量管理机制采用了"前道服务后道，后道监督前道"的理念，市场网络管理建立了"三队一会"，将部门级的创新中心升级为企业级的创新研究院来协同创新行为，构建消费者驱动的产品创新体制，使得企业不仅具有单元创新优势，还拥有强有力的组合创新能力，成为娃哈哈持续健康发展的重要基础。

（3）以系统创新为突破，形成企业创新的生态网。在现代商业生态中，企业竞争早已不是单个企业之间的竞争，更多的是企业生态之间的竞争，无论是传统制造业还是新兴网络经济部门。系统创新能力可以帮助企业提高竞争对手模仿学习的门槛，同时增强企业应对复杂多变环境的能力。娃哈哈在单元创新和模组创新的基础上，非常重视企业的全价值链创新体系建设，打造企业的系统创新能力。娃哈哈是一家高度垂直一体化的企业，这对其在全价值链上形成系统创新能力具有一定的优势。比如，三角债逼出的"联销体"将经销商与生产企业整合成紧密型的利益共同体；产地销模式将生产基地与销售渠道无缝对接；供应商、研发机构深度参与生产企业的产品研发和制造。这些都帮助娃哈哈在产业链上构筑起了独特的系统创新能力，成为娃哈哈领先行业发展的一大关键因素。

二是"规模－速度－学习"多维效率体系，夯实企业高效运作能力。

企业获得竞争优势的重要路径是运作效率，尤其对于处于快速变化行业中的企业而言。民营企业决策快、活力强，成为过去三四十年来其相较于其他所有制企业的一大优势。在高效运作方面，娃哈哈虽然机构庞大，但决策速度、响应能力高得让人无法想象，究其原因是娃哈哈拥有一套多维度的效率体系。企业比较容易从单一维度提高运作效率，但娃哈哈不同，宗庆后的系统思维让他深知，企业的成功不是靠单点突破，也不是靠某一链条的创新，而是要从多方面实现运作效率的整体性提高（见下图），这样就可以形成竞争对手难以模仿学习的竞争优势，这也是复合能力的实践体现。

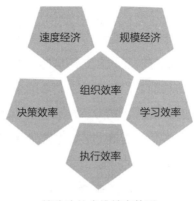

娃哈哈的多维效率体系

（1）以标准化单元复制实现规模经济。规模经济是指随着企业规模的扩大而降低成本，但是，企业扩张规模过程本身就存在成本，尽管有些产品有规模经济性，但也容易造成规模不经济。一方面，娃哈哈的相关产品存在显著的规模经济性特点，随着产量的增加，产品的成本被摊薄，所以，娃哈哈注重扩大产品产出规模，在 1991 年就做出了兼并国营大厂的举动，说明宗庆后的规模意识非常强；另一方面，娃哈哈还注重在规模化扩张过程中的成本降低，主要策略是对生产基地、营销网络、产品研发等关键单元进行标准化设计，使得特定单元的复制能力大大增强。这促使娃哈哈在投入产出效率上实现了近乎极致的规模经济性。

（2）以精益化迭代方式形成速度经济。规模经济体现的是产量增加带来的成本降低和投入产出效率增加，这种经济效率体现在产能维度上，并不一定体现在时间维度上。对于快速变化的行业而言，由产量扩大带来的规模经济可能会导致供需不匹配，产能过剩会导致极大的成本损失。"小步快跑"是娃哈哈独创的一种发展理念，这背后体现的是精益迭代的思维，与互联网产品的迭代原理相同，通过快速决策、快速研发和快速制造来主动应对市场需求的变化，在不断试错中快速找到符合市场需求的规模经济点，避免因脱离市场需求变化趋势的产出规模扩张而带来的经济损失。

（3）以渐进式经验积累增强学习效应。在同样的产出规模点，不同企业的相关运作成本会存在差别，一大原因就在于经验可以带来成本的节约，因为相对于新进入者，在位企业往往在市场运作和生产制造等方面积累了经验，这些经验提高了企业的熟练化操作和产品合格率等。经验学习在企业提高运作效率中是极其重要的，在娃哈哈的经营管理中，有很多经验学习的好例子。比如，采用师傅带徒弟、观察市场产品、购买先进设备等方式来积累创新、生产、市场等方面的经验，增强了企业的高效运营能力。再如，下沙基地承担的是"黄埔军校"式的重任，新产品试验成功后，可以在全国各个基地进行快速复制生产，利用经验学习帮助企业实现最大化效益，这在很多其他成功的企业中也能看到。

（4）以集中式决策模式提高执行效率。规模经济、速度经济和学习效率的实现，都要有相关的企业组织制度加以保障，其中，企业的决策模式会极大地影响资源配置和员工的行为导向。这也是为什么在早期创业阶段，企业的活力释放度最大，个体潜力被激发，但随着企业规模的扩大，组织机构变得庞杂,决策与响应速度都会下降。娃哈哈不同,它的高运作效率首先是决策效率高,使得全体员工在短时间内可以收到指令明确的行为任务要求,这背后得益于娃哈哈所采用的高度扁平化的组织架构,宗庆后和管理人员可以及时获取最真实的决策信息,员工可以直接获知明确的决策内容。与此同时,娃哈哈采用了集中指挥下的分级授权、全面预算管理、内部市场竞争、能上能下的"黑板干部"等制度,促使企业管理人员和员工在得到决策信息后有动力和压力去快速行动,体现出极强的执行力。

不变应变:卓有成效的哲学方法论

现代商业环境是非线性变化的,整个生态越发复杂,这对企业家在动态复杂环境中的科学决策能力提出了重大挑战。宗庆后独特的决策风格让人印象深刻。从行为哲学的角度来看,宗庆后之所以能够管理3万多员工、上百个生产基地和分公司以及星罗棋布的全国销售渠道网络,与他本人的价值观和认知力有很大的关系。事无巨细,是因为他拥有超强的去繁化简的能力,往往能够看清事物的本源,抓住要害。

娃哈哈模式中带有不可磨灭的宗庆后烙印,可以称之为宗庆后的哲学方法论。如同稻盛和夫认为,他的成功并不是创建了京瓷和KDDI两个集团,而是彻底贯彻了企业经营理念和哲学。宗庆后所崇尚的是一种价值共享哲学,比如,几乎所有企业都在提倡家文化,但极少有企业像娃哈哈一样将家文化作为一种哲学理念去贯彻，它已经成为企业血液的一部分，融入肌理。再比如，宗庆后开创的联销体模式，用价值共享代替利益合作，从产业链条合作伙伴的零和游戏变成共创共享的生态系统。具体地，宗庆后的哲学方法论体系主要包括三方面（见下图）。

宗庆后的哲学方法论

首先，从本源角度洞察未来。 宗庆后能够长期保持不出现重大决策错误，与其注重系统思维和化繁为简、追求本质的领导风格紧密相关。这种思维模式绝非天生，而是深受宗庆后爱好学习和善于学习的习惯影响。他坚持从一线获取真实可靠的决策信息，通过广泛收集和学习相关信息增强决策依据，并从宏观政策角度把握中国和国际社会发展大势，在坚守主业的同时不断探索新机会，形成了细微洞察与大局观相结合的决策模式，使得相关决策往往带有较强的战略预见性。

其次，从双元角度化解矛盾。 企业经营管理中经常充斥着各种冲突和矛盾，由于企业资源有限，就需要企业家策略性地抉择，在妥善解决一个问题的同时不能激化另一个问题。按照企业生命周期理论，不同阶段的企业面临着不同的关键问题，如创业期主要面临资源不足的问题，而成熟期主要面临战略变革的问题。从企业持续成长的历程来看，宗庆后运用双元理念很好地解决了四个主要矛盾，即战略上提高短期效率还是加强长期探索、能力上培育核心专长能力还是塑造复合能力、管控上强调高度集权还是扩大自由民主以及工作上强调专注业务还是增加生活投入。这些矛盾和问题的有效解决，足以体现宗庆后的哲学智慧。

最后，从实干角度筑牢根基。不可否认，现代世界唯一不变的就是变，只是变化的程度和范围不同而已。所以，很多企业家为了应对快速变化而疲于奔命、不知所措。但是，成功的企业家绝不是因为变化而失去自主性、随波逐流，而是在变化中抓住不变的要素，其中，积极行动是应对变化和不变的有效策略。宗庆后是一位行动主义者，强调以实干来应对变化带来的机遇和挑战。从宗庆后和娃哈哈的经验来看，实干是有目的的行动，宗庆后注重深入一线洞察市场需求和改进生产工艺等，是为了解决企业所面临的问题，否则，实干就是漫无目的的盲干；实干是团队性行动，宗庆后带领企业员工一起行动，团队合作克难攻坚，否则，实干就是势单力薄的单干；实干是有张力的行动，宗庆后以身作则影响合作伙伴，构建起价值观共享的产业生态，共同应对市场机会和挑战，否则，实干就是缺乏响应的蛮干。

管理人不可不读的经典
"华章经典·管理"丛书

书 名	作者	作者身份
科学管理原理	弗雷德里克·泰勒 Frederick Winslow Taylor	科学管理之父
马斯洛论管理	亚伯拉罕·马斯洛 Abraham H.Maslow	人本主义心理学之父
决策是如何产生的	詹姆斯 G.马奇 James G. March	组织决策研究领域最有贡献的学者
战略管理	H.伊戈尔·安索夫 H. Igor Ansoff	战略管理奠基人
组织与管理	切斯特·巴纳德 Chester Lbarnard	系统组织理论创始人
戴明的新经济观 (原书第2版)	W. 爱德华·戴明 W. Edwards Deming	质量管理之父
彼得原理	劳伦斯·彼得 Laurence J.Peter	现代层级组织学的奠基人
工业管理与一般管理	亨利·法约尔 Henri Fayol	现代经营管理之父
Z理论	威廉 大内 William G. Ouchi	Z理论创始人
转危为安	W.爱德华·戴明 William Edwards Deming	质量管理之父
管理行为	赫伯特 A. 西蒙 Herbert A.Simon	诺贝尔经济学奖得主
经理人员的职能	切斯特 I.巴纳德 Chester I.Barnard	系统组织理论创始人
组织	詹姆斯·马奇 James G. March	组织决策研究领域最有贡献的学者
论领导力	詹姆斯·马奇 James G. March	组织决策研究领域最有贡献的学者
福列特论管理	玛丽·帕克·福列特 Mary Parker Follett	管理理论之母

定位经典丛书

序号	ISBN	书名	作者
1	978-7-111-57797-3	定位（经典重译版）	（美）艾·里斯、杰克·特劳特
2	978-7-111-57823-9	商战（经典重译版）	（美）艾·里斯、杰克·特劳特
3	978-7-111-32672-4	简单的力量	（美）杰克·特劳特、史蒂夫·里夫金
4	978-7-111-32734-9	什么是战略	（美）杰克·特劳特
5	978-7-111-57995-3	显而易见（经典重译版）	（美）杰克·特劳特
6	978-7-111-57825-3	重新定位（经典重译版）	（美）杰克·特劳特、史蒂夫·里夫金
7	978-7-111-34814-6	与众不同（珍藏版）	（美）杰克·特劳特、史蒂夫·里夫金
8	978-7-111-57824-6	特劳特营销十要	（美）杰克·特劳特
9	978-7-111-35368-3	大品牌大问题	（美）杰克·特劳特
10	978-7-111-35558-8	人生定位	（美）艾·里斯、杰克·特劳特
11	978-7-111-57822-2	营销革命（经典重译版）	（美）艾·里斯、杰克·特劳特
12	978-7-111-35676-9	2小时品牌素养（第3版）	邓德隆
13	978-7-111-66563-2	视觉锤（珍藏版）	（美）劳拉·里斯
14	978-7-111-43424-5	品牌22律	（美）艾·里斯、劳拉·里斯
15	978-7-111-43434-4	董事会里的战争	（美）艾·里斯、劳拉·里斯
16	978-7-111-43474-0	22条商规	（美）艾·里斯、杰克·特劳特
17	978-7-111-44657-6	聚焦	（美）艾·里斯
18	978-7-111-44364-3	品牌的起源	（美）艾·里斯、劳拉·里斯
19	978-7-111-44189-2	互联网商规11条	（美）艾·里斯、劳拉·里斯
20	978-7-111-43706-2	广告的没落 公关的崛起	（美）艾·里斯、劳拉·里斯
21	978-7-111-56830-8	品类战略（十周年实践版）	张云、王刚
22	978-7-111-62451-6	21世纪的定位：定位之父重新定义"定位"	（美）艾·里斯、劳拉·里斯 张云
23	978-7-111-71769-0	品类创新：成为第一的终极战略	张云

拉姆·查兰管理经典

书号	书名	定价
47778	引领转型	49.00
48815	开启转型	49.00
50546	求胜于未知	45.00
52444	客户说：如何真正为客户创造价值	39.00
54367	持续增长:企业持续盈利的10大法宝	45.00
54398	CEO说：人人都应该像企业家一样思考（精装版）	39.00
54400	人才管理大师：卓越领导者先培养人再考虑业绩（精装版）	49.00
54402	卓有成效的领导者：8项核心技能帮你从优秀到卓越（精装版）	49.00
54433	领导梯队：全面打造领导力驱动型公司（原书第2版）（珍藏版）	49.00
54435	高管路径：卓越领导者的成长模式（精装版）	39.00
54495	执行：如何完成任务的学问（珍藏版）	49.00
54506	游戏颠覆者：如何用创新驱动收入和利润增长（精装版）	49.00
59231	高潜：个人加速成长与组织人才培养的大师智慧	49.00

最新版
"日本经营之圣"稻盛和夫经营学系列
任正非、张瑞敏、孙正义、俞敏洪、陈春花、杨国安 联袂推荐

序号	书号	书名	作者
1	9787111635574	干法	【日】稻盛和夫
2	9787111590095	干法(口袋版)	【日】稻盛和夫
3	9787111599531	干法(图解版)	【日】稻盛和夫
4	9787111498247	干法(精装)	【日】稻盛和夫
5	9787111470250	领导者的资质	【日】稻盛和夫
6	9787111634386	领导者的资质(口袋版)	【日】稻盛和夫
7	9787111502197	阿米巴经营(实战篇)	【日】森田直行
8	9787111489146	调动员工积极性的七个关键	【日】稻盛和夫
9	9787111546382	敬天爱人:从零开始的挑战	【日】稻盛和夫
10	9787111542964	匠人匠心:愚直的坚持	【日】稻盛和夫 山中伸弥
11	9787111572121	稻盛和夫谈经营:创造高收益与商业拓展	【日】稻盛和夫
12	9787111572138	稻盛和夫谈经营:人才培养与企业传承	【日】稻盛和夫
13	9787111590934	稻盛和夫经营学	【日】稻盛和夫
14	9787111631576	稻盛和夫经营学(口袋版)	【日】稻盛和夫
15	9787111596363	稻盛和夫哲学精要	【日】稻盛和夫
16	9787111593034	稻盛哲学为什么激励人:擅用脑科学,带出好团队	【日】岩崎一郎
17	9787111510215	拯救人类的哲学	【日】稻盛和夫 梅原猛
18	9787111642619	六项精进实践	【日】村田忠嗣
19	9787111616856	经营十二条实践	【日】村田忠嗣
20	9787111679622	会计七原则实践	【日】村田忠嗣
21	9787111666547	信任员工:用爱经营,构筑信赖的伙伴关系	【日】宫田博文
22	9787111639992	与万物共生:低碳社会的发展观	【日】稻盛和夫
23	9787111660767	与自然和谐:低碳社会的环境观	【日】稻盛和夫
24	9787111705710	稻盛和夫如是说	【日】稻盛和夫
25	9787111718208	哲学之刀:稻盛和夫笔下的"新日本 新经营"	【日】稻盛和夫